아픈 몸을 살다

아픈 몸을 살다

아서 프랭크 | 메이 옮김

봄날의책

캐시에게

캐시와 함께 추모한다.

로라 아이린 푸트 1928~1988
바버라 앤 웨너 1942~1988

위험한 기회, 질병

나는 목숨을 위태롭게 한 질병을 두 번 겪었다. 서른아홉에는 심장마비, 마흔에는 암이었다. 지금은 많이 회복된 상태다. 그렇다면 왜 굳이 과거로 되돌아가서 이 병들에 관해 쓰고 있는 걸까? 위험한 기회이긴 하지만, 그래도 어쨌든 질병은 기회이기 때문이다. 이 기회를 붙잡으려면 질병과 함께 조금 더 머물러야 하며 질병을 통과하면서 배운 것을 나눠야 한다.

심각한 질병은 우리를 삶의 경계로 데려간다. 그곳에서 우리는 삶이 어디에서 끝나버릴 수도 있는지 본다. 경계에서 삶을 조망하면서 우리는 삶의 가치를 새로운 방식으로 생각해볼 수밖에 없다. 혹은 새로운 방식으로 생각해보도록 허락

받는다. 여전히 살아 있긴 하지만 일상에서는 멀어져 있기에 마침내 멈춰 서서 생각해볼 수 있다. 왜 지금껏 살아온 것처럼 살아왔는가, 미래가 있을 수 있다면 어떤 미래를 원하는가. 질병은 삶 일부를 앗아가지만 기회 또한 준다. 우리는 그저 오랫동안 살아왔던 대로 계속 사는 대신 살고 싶은 삶을 선택할 수 있다.

병이 가져오는 위험 중 가장 명백한 위험은 경계를 넘어가 죽는 것이다. 이 위험이 제일 중요하며, 또 언젠가는 이 위험을 피할 수 없는 날이 오고야 만다. 하지만 피할 수 있는 다른 위험이 있는데, 바로 질병에 집착하게 되는 위험이다. 질병을 자신과 마주하지 않고 또 다른 이들과 마주하지 않으면서 뒷걸음질 치는 핑계로 삼는 것이다. 하지만 질병은 계속 매달리고 있을 만한 무엇이 아니다. (할 수 있다면) 그저 회복하면 된다. 그리고 회복의 가치는 새로 얻게 될 삶이 어떤 모습일지 얼마나 많이 알아가느냐에 달려 있다.

회복에는 여러 의미가 있다. 내 경우에 심장마비 이후의 회복이란 아팠던 경험 전체를 뒤에 두고 앞으로 나아가는 것이었다. 아무 일도 일어나지 않았다는 듯 건강한 사람들의 일상적인 세계로 돌아가고 싶었다. 반면 암은 이런 식으로 회복할 수 없었다. 아직도 진찰을 받을 때마다, 보험 서류를 작성할 때마다 암에는 차도가 있을 뿐이지 '완치'란 없다는 사실을 떠올린다. 하지만 암이라는 질환의 생리학보다 더 중요한 것은 암 경험이 미친 영향이다. 암을 앓고 난 후에는 예전에 있던 곳으로 전혀 돌아가고 싶지 않았다. 변화의 기회를 그냥 흘려보내기엔 너무도 비싼 값을 치렀기 때문이다. 너무도 많은 고통을 보았고, 특히 젊은 사람이나 건강한 사람은 갖기 어려울 수도 있는 어떤 관점에서 고통을 보았다. 삶이라는 게임을 이전과 같은 조건으로 계속할 수는 없었다. 예전의 나를 회복하기보다는 앞으로 될 수 있는 다른 나를 발견하고 싶었다. 그리고 글쓰기는 이 다른 나를 찾아가는 과정의 일부다.

회복이 질병의 이상적인 결말이라고 보는 견해에는 문제가 있다. 어떤 이들은 회복하지 못하기 때문이다. 내가 받던 암 치료가 끝나자마자 아내와 나는 장모님이 입원한 암 병동으로 다시 돌아가야 했고, 장모님의 경우 결말은 쉰아홉 살의 죽음이었다. 만일 회복이 이상적으로 여겨진다면 계속 만성으로 남는 질병이나 죽음으로 결말나는 질병을 앓는 사람들의 경험에서 어떻게 가치를 찾을 수 있을까? 답은 회복보다는 '새롭게 되기'에 초점을 맞추는 일인 듯싶다. 계속 아프다 해도, 심지어는 죽어간다 해도 질병 안에는 새롭게 될 기회가 담겨 있기 때문이다.

질병이 제공하는 기회를 붙잡으려면 질병을 적극적으로 살아내야 한다. 질병에 관해 생각해야 하고 이야기해야 하며 어떤 사람들, 곧 나 같은 사람들은 질병을 주제로 써야 한다. 생각하고 말하고 씀으로써 우리는 개인들이자 한 사회로서 질병을 받아들일 수 있다. 또 그때야 질병이 그리 특별한 것이 아님을 배울 수 있다. 아프다는 것은 그저 다른 방식의 삶이고, 질병을 전부 살아냈을 즈음에 우리는 다르게 살게 된다. 질병을 받아들이기가 쉽지도 자명하지도 않은 이유는 질병이 우리를 다르게 살도록 이끌어가기 때문이다. 나는 질병을 받아들일 수 있는 조건이 무엇인지 생각해보기 위해 쓴다. 질병 경험 안으로 들어가 질병이 열어 보이는 가능성을 증언하고 싶지만 아프다는 것에 집착하고 싶지는 않다. 기회를 붙잡으려면 질병을 완전히 경험한 다음 떠나보내고 다른 곳으로 이동해가야 한다.

이 책은 아팠던 동안 나눈 대화와 편지에서 시작됐다. 아내 캐시는 나에게, 또 자신에게 어떤 일이 일어나고 있는지 기꺼이 말하고자 했으며, 말할 능력이 있는 사람이기도 했다. 우리의 대화는 캐시가 내게 준 돌봄 중에서도 가장 중요했다. 대화를 하면서 질병은 내게만 일어난 일이 아니라 캐시와 나, 우리에게 일어난 일이 되었다. 나아가 친구, 친척들과 편지를 주고받으면서 내가 더 큰 '우리'의 일부가 되었다는 감각이 자라났다. 서신을 교환한 이들 중에는 나처럼 위중한 병을 앓은 적이 있는 사람들도 있었다. 그리고 이 '우리'의 원은 자신이 겪은 질병 경험을 글로 남긴 이들로도 확장되었다. 결국 다른 모든 경험에서와 마찬가지로 '내 것'과 '내가 남들을 통해 살아낸 것' 사이에 뚜렷한 경계선은 없다.

이 책은 특히 어떤 편지 한 통 때문에 시작됐다. 내 사촌 하나가 폐암을 앓던 자기 친구에게 편지를 써달라고 부탁했던 것이다. 알지 못하는 사람에게 암처럼 개인적인 일을 이야기하는 편지를 쓰기란 쉽지 않지만, '내가 아팠을 때 그런 편지를 받았더라면' 하고 생각해봤다. 크게 아팠던 적이 있는 사람이 편지를 보내 자신의 질병 경험을 나누고 내 경험에 기꺼이 연결되고자 했다면 정말 뜻깊었을 것이다. 그래서 편지를 썼고, 쓰고 난 후엔 내 편지가 훨씬 더 많은 논의가 필요한 화제들을 살짝살짝 건드리기만 했다는 사실을 깨달았다.

손으로 편지를 만지듯이, 접고 또 접어서 답장을 보내듯이, 내가 쓰는 이 글에 다른 사람들의 손길이 닿길 바란다. 아픈 사람들이 이 글에 응답하길 바란다. 여기서 응답이란 다른 이가 쓴 이야기 안에서 자신의 경험을 발견하는 것이다.

나는 내 이야기를 할 뿐이지만, 독자들은 내 이야기에 자기 삶을 더할 수 있으며 각자의 상황에 맞게 내 글을 고칠 수 있다. 그리고 이러한 '고쳐 쓰기'가 모여 우리 사이의 대화가 된다.

대화할 기회를 누리지 못하는 아픈 사람이 너무도 많다. 자기 질병을 이야기할 수 없다고 생각하는 사람이 너무도 많다. 질병을 이야기한다는 것은 진단명을 말하거나 어떤 치료를 받고 있는지 설명하는 일 이상이다. 아픈 사람이 자기 질병에 관해 하는 말들은 대부분 자신에게서 나온다기보다는 의사라든지 그 밖의 의료진에게서 온다. 이런 경우 아픈 사람은 환자로서 말하고 있을 뿐으로, 그저 다른 곳에서 나온 이야기를, 전해 들은 의학의 이야기를 지루하게 반복한다. 전문적인 의학 용어를 써서 말하려고 애쓰면서 아픈 사람은 개인의 경험이라는 자신만의 드라마를 스스로 부정한다.

아픈 사람들은 할 말이 많지만, 그럼에도 이들이 어떤 희망과 공포를 품고 있는지 듣게 되는 경우는 드물다. 통증 속에 있다는 것이 어떤 느낌인지, 아픈 사람이 자신의 고난을 어떻게 이해하는지, 그리고 죽을 수도 있다는 사실을 어떻게 생각하는지, 우리는 거의 들어본 적이 없다. 이런 이야기가 나올 때 사람들은 당황하며, 그래서 연습할 기회를 놓친다.

또 연습한 적이 없으므로 이런 이야기를 나누기가 어렵다고 생각한다. 결국 사람들은 질병이 이야기할 만한 주제가 아니라고 믿게 되며, 다른 이와 함께 질병을 경험하고 배울 기회를 놓친다. 하지만 새롭게 되어가는 과정은 다른 사람들이 함께할 때 더 쉽다.

앞으로 할 이야기는 나만의 치료법이라든지 의학의 기적과는 거리가 멀다. 병이 났고, 의사가 권한 치료법을 따랐으며, 내 몫의 힘든 일들을 해냈고, 어찌어찌 대응해서, 살아남아 이야기를 하게 되었을 뿐이다. 내 이야기는 병에 어떻게 대응하느냐를 말해주지는 않겠지만, 대응하는 데 무엇이 필요한지 '증언'할 것이다. 내 이야기가 목격자로서 하는 증언이 된다면 그것만으로 충분하다고 믿는다.

나는 고무적인 사례의 주인공이 아니라 글을 쓰는 사람일 뿐이다. 직업으로 말하자면 대학에서 사회학을 가르치는 교수며, 이에 더해 철학, 커뮤니케이션학, 정신치료 분야에서 훈련을 받았고 경험도 있다. 이런 자원들은 경험을 말로 표현하는 데 도움이 됐다. 하지만 이 책에서 나는 어떤 전문가로서가 아니라 자기 질병을 이해하고자 애쓰는 한 명의 평범한 환자로서 말할 것이다. 때로 충고하는 듯이 보인다면 그것은 내가 경험을 나누려다가 너무 열중했기 때문이다. 어떻게 하면 나을 수 있는지 나는 말해줄 수 없고, 어떻게 아파야 하는지도 말해줄 수 없다. 나는 다만 질병이 가져오는 현실 일부를 증언할 수 있을 뿐이다.

이 책은 질병을 이야기하고 생각해볼 수 있는 시작점들을 제공한다. 내 경험일 뿐이지 처방전 같은 게 아니므로, 이 책을 보고 '이런 일들이 생기겠구나'라고 예상한다든지 '이런 일들을 경험해야 하는구나'라고 생각해서는 안 된다. 어떻게 하면 모범적으로 아플 수 있는지 나는 모른다. 각자 자신만의 방식을 찾아야 한다. 하지만 혼자일 필요는 없다. 내가 쓸 수 있는 것은 어디에서 문제를 맞닥뜨렸고 또 어디에서 가치 있는 순간을 발견했느냐다. 아픈 사람들은 아픈 동안 겪는 모든 일이 이야기할 만한 소재라는 증거로 이 글을 가족과 친구와 의료진에게 내보일 수 있을 것이다. 이야기는 병을 고통과 상실 너머로 고양할 수 있는 유일한 방법은 아니지만, 사람들 대부분이 가장 쉽게 의지할 수 있는 방법이다. 혼자 이 책을 읽고 있다면 내 글이 말 없는 대화를 나눌 수 있는 좋은 상대가 되길 바란다. 또 이 책을 읽고 다른 사람들과 대화를 시작해보는 독자들이 많았으면 한다.

바로 지금 병중에 있는 사람들을 최우선의 독자로 생각하며 쓰고 있지만, 이들만을 위한 책은 아니다. 우리는 모두 언젠가 아프게 될 것이고, 그러므로 다른 독자들도 이 책을 읽으면서 아프다는 것에 어떤 의미가 있는지 헤아려볼 수 있을 것이다. 나아가 이 책은 아픈 사람을 돌보는 이들을 위한 것이기도 하다. 나는 아픈 사람들에게 대화를 시작하라고 권하고 싶은데, 특히 돌봄을 제공하는 사람은 대화의 중요한 상대며 대화의 다른 반쪽이다. 또한 돌보는 사람은 질병 경험의 다른 반쪽이기도 하다. 이들의 돌봄은 아픈 사람을 위해 이런저런 일을 하는 데서 시작해서 나중에는 자신의 삶을 공유하는 데까지 이른다. 돌보는 사람과 돌봄을 받는 사람이 무엇을 공유할 수 있느냐를 이 책에서 조금이라도 제시할 수 있길 바란다.

내가 경험한 병이 심장마비와 암이기 때문에 이 병들을 중심으로 쓸 것이다. 암에 더 비중을 둘 텐데, 암을 겪으며 더 폭넓은 경험을 했기 때문이기도 하고 암을 대하는 사회의 태도가 심장마비의 경우보다 더 복잡하기 때문이기도 하다. 암에 초점을 두었다고 해서 다른 질병을 앓고 있거나 염려하는 독자들이 배제되는 기분을 느끼지 않았으면 한다. 다른 질병은 다른 가능성을 가져오지만, 심각한 질병이 삶에 일으키는 변화에는 공통되는 핵심이 있기 때문이다.

심각한 질병은 삶의 모든 면을 건드린다. 아픈 사람을 수

용하기 위해 지어놓은 병원과 의료 시설들은 환상을 만들어 왔다. 아픈 사람을 건강한 사람들에게서 떨어뜨려 가둬놓음으로써 질병 자체도 아픈 사람의 삶 안에 가둬놓을 수 있다는 환상이다. 이 환상은 위험하다. 아프게 되면 관계에도 직업에도 변화가 온다. 자신이 누구며 어떤 사람이 될 수 있는지, 삶이 무엇이고 무엇이어야 하는지도 다르게 느낀다. 그리고 이런 변화는 무섭다. 심하게 아프다는 사실을 알게 된 두 번의 경험에서 나는 변화가 다가오는 것을 보며 압도되었다.

그리하여 이 글은 질병에 압도되기 전의 젊은 나에게, 몇 년 더 젊을 뿐이지만 경험의 심연 건너편에 있는 나에게 쓰는 것이기도 하다. 보르헤스의 단편에는 이런 이야기가 나온다. 강가에 앉아 있던 나이 든 작가에게 젊은 시절의 자신이 걸어온다. 둘은 서로를 알아보고 이야기를 나눈다. 젊은이는 나이 든 작가가 거의 시력을 잃었다는 사실에 특히 충격을 받고, 노인은 별로 두려워할 일이 아니라며 위로한다. 젊은 내가 지금의 나를 만나 장차 어떤 병력을 갖게 될지 듣는다면 젊은 나는 보르헤스의 이야기 속 젊은이보다도 훨씬 더 충격을 받을 것이다. 이제 이어질 글에서 아프기 전의 나에게 말해주고 싶다. 두려울 수밖에 없겠지만 두려움에 차서 인생을 보낸다면 바보 같은 일일 거라고, 미래의 너는 고통받고 많은 것을 잃게 되겠지만 고통과 상실은 삶과 대립하는 것이 아니라고 말해주고 싶다.

많은 것을 잃겠지만 그만큼 기회가 올 겁니다. 관계들은 더 가까워지고, 삶은 더 가슴 저미도록 깊어지고, 가치는 더 명료해질 거예요. 당신에게는 이제 자신의 일부가 아니게 된 것들을 애도할 자격이 있지만, 슬퍼만 하다가 당신이 앞으로 무엇이 될 수 있는지 느끼는 감각이 흐려져선 안 돼요. 당신은 위험한 기회에 올라탄 겁니다. 운명을 저주하지 말길, 다만 당신 앞에서 열리는 가능성을 보길 바랍니다.

차례

일러두기

1. 본문의 주석은 모두 옮긴이 주석이다.
2. 본문의 성서 인용문은 대한성서공회,
   『새번역 성경전서』를 참조하였다.

길 위에서 쓰러지다

어느 날 몸이 고장 났다. 공포와 절망 속에서 질문할 수밖에 없었다. 내게 무슨 일이 일어나고 있는 거지? 우리가 아플 때 묻게 되는 질문이다. 이때 문제는, 몸이 정신에게 질문을 던지자마자 의사들이 답한다는 것이다. 의사들은 질환에 이름을 붙임으로써 답한다. 이들의 답은 의술을 펼치는 데는 유용하지만 한계도 있다.

　의학은 내 몸을 잘 다뤄줬고, 감사하게 생각한다. 하지만 의학이 몸을 다루는 일은 아픈 사람을 위해 이루어져야 하는 일 중 하나일 뿐이다. 몸이 고장 났을 때 일어나는 일은 몸만이 아니라 삶에도, 몸 안에서 살아가고 있던 바로 나의 삶에도 일어나기 때문이다. 몸이 고장 나면 삶도 고장 난다. 의학이 몸을 고칠 수 있다고 해도 언제나 삶을 원래대로 되돌려 놓을 수 있는 것은 아니다. 의학은 고장 난 부분을 진단하고 치료할 수 있지만, 때로 아픈 사람 안에서 피어오르는 공포와 절망은 너무나 커서 고장 난 부분을 고쳐도 가라앉지 않는다. 이런 때 질병 경험은 의학의 한계 밖에 있다.

심장마비가 있던 날 몸이 고장 나고 있다고는 전혀 생각지 못했다. 나는 서른아홉이었고, 다음 날 있을 달리기 경주에 나가볼까 생각 중이었다. 10년 동안 달리기를 해왔고 이튿날 경주에 나간다면 처음으로 참가해보는 시합이 될 것이었다. 겨울 동안 꽤 오래 독감을 앓긴 했지만 이제 3월이었고 봄이 오고 있었고 전주의 추위는 끝난 듯했다. 집 뒤편의 강변에 나가 뛰기 시작했다. 슬슬 뛰는데도 맥박이 너무 빠른 것 같았다. 주차장 옆을 지나다 운동하러 나온 어떤 사람이 차에서 내리는 모습을 봤고, 본 김에 멈춰 서서 한담이나 나눠볼까 했다. 자동차 앞쪽에 몸을 기대고는 심장이 너무 빠르게 뛴다는 말을 하려는 참이었는데, 다음 순간 길바닥 위에서 눈을 떴다.

그날 겪은 일을 나중에 심장전문의들은 '심실 빈맥'이라고 불렀다. 쉽게 말해 심장이 속도를 올리다가 박동이 불규칙해지고 통제할 수 없게 빨라져서는 결국 잠깐 멈췄던 것이다. 1

년 후 의사가 말하길 내가 운이 좋았다고 했다. 심장이 다시 뛰기 시작했고, 영구적인 손상을 일으킬 만큼 오래 멈춰 있진 않았기 때문이다. 하지만 당시엔 무슨 일이 있었던 것인지 알지 못했다. 정강이는 까져 있었고 몸이 부들부들 떨렸다.

차를 얻어 타고 집으로 돌아와 샤워를 했고 그날 밤엔 모임에 나가기까지 했다. 전에는 한 번도 기절한 적이 없었기 때문에 걱정이 되긴 했지만, 뭐 그리 심각한 일이겠냐고 생각했다. 나는 중년에 접어들었어도 여전히 운동선수처럼 달리기에 열심인 사람이었다. 머리는 그날의 경험을 잊고 싶어 했지만 몸은 아니라고 했다. 무언가가 잘못됐어. 무언가가 변했어. 정말로 변했어. 주치의에게 가봤을 때 그는 내 정신이 하던 말과 똑같이 별일 아닐 거라고 했으며, 그래도 확실한 것이 좋으니 심전도 검사를 하자고 했다. 일주일 후 주치의는 전화를 걸어 내게 심장마비가 있었다고 했다. 의사는 자신 없게 들리는 목소리로 의학적인 세부 사항을 전했다. 하지만 내게는 거의 들리지 않았다. 갑작스럽고도 심오한 변화의 감각이 몰려와 정신이 없었다. 몇 분간의 전화통화가 끝난 후 나는 다른 사람이 되어 있었다.

그 주에 계속 질문할 수밖에 없었다. 내게 무슨 일이 일어나고 있는 거지? 주치의는 의학의 답을 제공했지만 그 답이 왜 **나 자신의** 답이 아닌지 이해하는 데까지는 몇 년이 더 걸렸다. 주치의는 정중함의 본보기가 될 만한 사람이었다. 우리는 전문 직업인들로서 통화했다. 그는 나를 '프랭크 박사님'이라고 불렀고 나는 그를 'OOO 선생님'이라고 불렀다. 우리는 잘못된 결과를 뱉어내는 컴퓨터 문제를 상의하는 것처럼 내 심장 문제를 두고 이야기했다. '그것'에 문제가 있네요. 우리의 대화는 내가 자동차 정비공과 나누는 대화보다 대체로 더 고상했지만, 고상한 대화를 나눌 수 있었던 이유는 바로 의사와 내가 모호하게 말하고 있었기 때문이다. 의사는 정비공처럼 구체적으로 말하질 않았으며, 나는 손상이 얼마나 심한지 자세하게 듣고 싶지가 않았다. 자동차보다는 심장에 관해 더 많이 알았지만 이 심장이라는 엔진은 바로 내 안에 있는 것이기 때문에 듣기가 꺼려졌다.

아픈 사람인 내가 봤을 때 주치의와 나의 대화는 무언가 잘못돼 있었다. 그러나 바로 이 무언가 때문에 주치의의 행동은 대단히 전문가다운 것이 됐다. 전문가답다는 것은 냉정하고 일 처리에 집중하는 것이다. 전문가다운 대화는 이런 식으로 흐른다. '어떤 문제가 있는 것으로 보이고, 생각보다 더 심각해 보이지만, 그래도 우리는 여전히 이 문제를 처리할

수 있습니다. 계획은 이렇습니다. 질문 있습니까?' 이런 식의
말을 들었을 때, 거래를 제안받는 중임을 나는 너무도 잘 알
았다. 내 대답이 똑같이 냉정하고 전문가답다면 '경영진'에
서 최소한 낮은 자리라도 얻을 수 있을 것이었다. 환자가 선
택할 수 있는 일 중에서 그 거래는 나쁘지 않았고, 그래서 제
안을 받아들였다. 나는 살짝 칭찬받기까지 했다.

거래를 받아들이는 대가가 무엇인지 당시엔 알지 못했다.
경험은 살아야 하는 것이지 처리해야 하는 일이 아니다. 몸
또한 처리해야 하는 일이 아니다. 관리자가 나라도 그렇다.
몸은 삶의 수단이며 매개체다. 나는 몸 안에서 살 뿐만 아니
라 몸을 통해서 산다. 정신을 몸에서 떼어내라고, 그러고는
몸이 어디 바깥에 놓여 있는 사물인 양 이야기하라고 요구해
서는 안 된다. 몸이 고장 났다는 말을 들으면서 여전히 냉정
하고 전문가답기를 기대해서는 안 된다. 하지만 의학의 치료
를 받는 환자들은 언제나 냉철하게 행동하라고 요구받는다.
몸이 고장 났지만 공포와 절망은 고장 난 일부가 아닌 것처럼
대해야 하고, 삶 전체가 바뀌었지만 바뀌지 않은 듯이 행동
해야 한다.

이와 같은 대화를 의사와 나눠본 적이 있는 이들에게, 또
이런 대화를 언젠가 나누게 될 이들에게 덧붙여 하고픈 말이

있다. 나는 **내가 뭘 말하고 싶은지 몰랐다**는 것이다. 혹은 의사에게 듣고 싶은 말이 무엇인지 몰랐다. 울거나 소리를 지르고 싶지는 않았으며, 인생이 얼마나 찰나인가를 주제로 연설을 펼치고 싶지도 않았다. 그때 하고 싶던 말이 과연 표현될 수 있는 것인지도 잘 모르겠다. 나는 다만 내게 일어나고 있던 일이 조금이라도 인정받기를 원했다. 심장마비로 쓰러진 날 나는 죽음에 아주 가까이 다가가본 사람이 되었고, 언제라도 또다시 그렇게 죽음에 가까이 갈지도 몰랐다. 이런 사람이 된다는 것은 변화를 뜻한다. 심장마비를 겪었다는 이야기를 들었을 때 내가 내 몸 안에서 살아온 방식은 변했으며, 의사는 자신이 이 변화를 알고 있다고 어떻게든 내게 전했어야 했다.

심장마비였다는 소식을 들으며 필요했던 것은 일종의 축하였다. 축하는 어떤 사건에 대단히 기뻐하기 위해서 하기도 하지만, 사건의 중요성을 표시하기 위해서도 한다. 장례식은 삶을 축하한다. 입맞춤과 악수가 그렇듯 눈물과 침묵은 특별한 때를 축하할 수 있다. 하지만 주치의와 나는 내게 일어나고 있던 일을 축하할 수 있는 말을 찾는 대신 그 경험을 인정하길 회피했다. 우리는 기계를 두고 말하듯 질환만을 논했다. 질병을 축하하는 법은 나 혼자서 배워야 했다.

주치의가 무능했다는 말이 아니다. 그는 전문가로서 정확히 훈련받은 대로 했다. 그리고 나도 환자로서 하도록 훈련받은 일을 했다. 아픈 사람은 전문가의 능력에 한계가 있다는 사실을 이해해야 한다. 환자가 경험하는 공포, 절망, 개인적 변화를 안다고 해도 의사들은 표현하지 않을 때가 많다. 의사들이 하는 말은 질환, 즉 고장 난 부분에 초점을 두지, 고장이라는 사건을 몸소 살아내고 있는 한 인간 전체를 염두에 두지는 않는다. 하지만 이렇게 의사들이 자기 역할을 제한하면서 환자들이 의사와의 관계에서 맡아야 하는 반대편의 역할도 생겨난다. 나는 의사도, 질병도 잘 몰랐기에 제한을 받아들였으며, 그리하여 질병이 가진 힘을 알게 되는 데 훨씬 오랜 시간이 걸렸다. 질병은 삶을 바꿀 수 있으며 자기 자신을 생각하는 방식을 바꿀 수 있음을, 나는 아주 나중에서야 깨닫는다.

의학의 한계를 이해하려면 먼저 질환disease과 질병illness의 차이를 인식해야 한다. 의학의 이야기는 질환 용어를 사용한다. 질환 용어는 몸을 생리학으로 환원하며, 측정할 수 있는 것들로 이루어진다. 체온, 감염 여부, 혈액 및 체액의 순환과 구성, 피부 상태 등등을 측정하고 검사한 결과가 질환 용어에 포함된다. 질환 이야기에서 이런 결과들은 지금 일어나고 있거나 곧 발생할 어떤 고장을 가리키는 데 사용된다. 질환 용어는 측정된 값을 참조하기 때문에 '객관적'이다. **내** 몸은 살아 있다는 것을 경험하는 주체지만, 질환 이야기에서는 **그** 몸, 측정될 수 있으며 따라서 객관화될 수 있는 대상이 된다. 질환을 논할 때 '객관적'인 이야기는 언제나 의학의 이야기다. 환자는 질환 용어를 사용해서 자신을 표현하는 법을 재빨리 배우지만, 의학의 언어로 자신을 표현하면서 아픈 사람은 자기 자신을 잃는다. 내가 경험하는 내 몸은 다른 누군가가 측정하는 그 몸으로 환원되지 않기 때문이다.

환자가 되어 질환 이야기를 하는 법을 배운 사람은 자신의 몸을 외부에 존재하는 장소로, 질환이 발생하고 있는 '현장'으로 언급한다. 이런 식으로 말하면서 환자는 의사와 자신을 같은 장소에 두지만, 의사에게는 **환자의 몸 자체**가 외부의 장소다. 아픈 사람은 의사와 자신을 동일시할 때 훨씬 더 안전하고 편안하다는 사실을 안다. 이 같은 정체성의 혼란은 이해할 만하지만 그래도 잘못됐다. 정체성에 혼란을 겪으면서 아픈 사람은 대가를 치른다. 바로 자기 존재가 '그 몸'의 일부임을 잊어버리는 것이다.

질병은 질환을 앓으면서 살아가는 경험이다. 질환 이야기가 몸을 측정한다면, 질병 이야기는 고장 나고 있는 몸 안에서 느끼는 공포와 절망을 말한다. 질병은 의학이 멈추는 지점에서, 내 몸에 일어나고 있는 일이 단순히 측정값들의 집합이 아님을 인식하는 지점에서 시작한다. 내 몸에 일어나는 일은 내 삶에도 일어난다. 내 삶에는 체온과 순환도 있지만 희망과 낙담, 기쁨과 슬픔도 있으며, 이런 것들은 측정될 수 없다. 질병 이야기에 **그** 몸 같은 것은 없으며 오직 내가 경험하는 **내** 몸만이 있다. 질환 이야기는 어떤 측정값들이 어떻게 변해가는지 기록한다. 질병 이야기는 완벽하게 편안했던 몸이 다른 몸이 되어가는 변화에 관해 말한다. 이 다른 몸은 질문을 던진다. 나에게 무슨 일이 일어나고 있는 거지? **그것에게** 가 아니라 **나에게**.

　의원, 병원, 전화통화 등 어디에서 이루어지든 간에 의학의 진찰과 치료는 오직 질환만이 논의 대상이라고 모든 사람이 믿도록 설계되어 있다. 여기서 질환은 측정될 수 있는 것이고 기계론에 기반을 둔다. 의사들과 이야기할 때 나는 언제나 내가 말해서는 **안 되는** 것들을 의식하며, 그래서 좋지 못한 소식을 전해 들을 때 더욱 입을 다문다. 질환에 관련된 질문만 해야 한다는 사실을 알고 있지만, 내가 느끼는 것들이 바로 질병이다. 내 삶에 관해 묻고 싶은 질문이 있지만 허용되지 않고 말해서도 안 되고 심지어는 생각해서도 안 된다. 내가 느끼는 것과 말해도 괜찮다고 느끼는 것 사이의 간격이 넓어지고 깊어지면서 내 목소리를 삼킨다.

의사들은 보통 예의 바르게 질문에 대답해주지만, 질문을 하려면 답변이 어떤 용어로 돼 있을지 예상해야 하며 결국은 질환 용어를 사용해서 질문하게 된다. 그렇지만 내가 정말로 알고 싶은 것은 질병과 함께 살아가는 방법이다. 내가 원하는 도움은 질문에 대답을 해주는 것이 아니라 내가 나름의 방식으로 질병을 살아내고자 노력하는 모습을 의료진 또한 지켜봐주는 것이다. 답을 받기보다는 경험을 공유하고 싶다. 하지만 의사와 간호사들은 과중한 스트레스와 업무에 시달릴 때가 많고, 그리하여 경험을 공유하는 일은 '전문가다운' 활동의 경계 밖으로 너무도 자주 밀려나곤 한다.

상황이 극단적일수록 말하는 데 더 많은 시간과 도움이 필요하다. 어떻게든 말을 시작하게 도울 생각이 없거나 도울 능력이 없어 보이는 사람과 마주할 때, 나는 그냥 입을 다문다. 이야기를 꺼내는 데 필요한 시간을 기다려주고 도움을 주려는 사람이 없을 때 사람들은 아무 말도 하지 않음으로써 자신을 보호하기 마련이다. 하지만 즉시 말로 표현이 안 될 때가 가장 절박하게 자신을 표현해야 하는 때인 경우가 많다. 질문이 없다고 할 말이 없는 것은 아니다. 심장마비가 있었다는 이야기를 들으면서 할 말이 별로 없고 말을 할 필요가 없을 수 있을까. 아픈 사람이 풀어야 하는 문제는 어떤 용어를 사용해 표현할지 고심할 때 도울 사람을 찾는 것이다.

전에 가끔 겪던 일상적인 건강 문제가 아니라 중병을 앓는 환자로서 의료 전문가들을 상대하며 5년을 보내고 난 후 나는 이들의 한계를 받아들이게 됐다. 그 한계에 편안해졌다고는 절대 말할 수 없지만 말이다. 의학계에는 개혁이 필요한지도 모른다. 환자들에게 질환 이야기를 '하사'하는 대신 환자들과 함께 질병 이야기를 나누는 법을 배워야 하는지도 모른다. 아니면 의사와 간호사들은 이미 잘하는 일, 즉 '고장 난 부분을 고치기'를 계속하되 그 이상을 하겠다고 나서지 말아야 하는지도 모른다. 이 책은 의료 전문가들의 한계라는 문제를 해결하려 하지 않는다. 내가 아픈 사람들에게 제공하고자 하는 것은 그보다는 더 바로 눈앞의 문제들과 관련이 있다. 의료 환경 안에서 의사들과 일반적으로 논의할 수 있는 것보다 더 많은 일이 자신에게 일어나고 있다는 사실을 아픈 사람들이 인식하길 바란다. 질병에 관해 이야기하고자 한다면 병원이 아닌 다른 곳에 가야 한다.

질병이 삶에 가져온 변화를 표현하기 위해서 나는 말해야 했다. 이야기함으로써 변화와 함께 살아가는 새로운 방식을 계속 찾아낼 수 있었다. 심각하게 아픈 사람들에게는 자신이 경험하는 모든 것을 인정해주는 이야기가 필요하다. 이들은 자신을 위해서 이야기해야 할 뿐만 아니라 아직 아프지 않은 다른 사람들을 위해서도 이야기해야 한다. 질병은 어떻게 더 또렷한 정신을 가지고 어떻게 더 건강한 삶을 살 수 있는지 우리 모두에게 가르쳐줄 수 있기 때문이다. 질병은 삶을 위협하지만 살아갈 가치가 어디에 있는지 보여주기도 한다. 얼마나 고통스럽든 얼마나 아픈 것을 피하고 싶어 하든 상관없이 우리에겐 질병이 필요한지도 모른다. 이 책의 과제는 바로 이 필요를 표현하는 것, 그리하여 질병을 축하할 수 있는 말들을 찾는 것이다.

그저 지나가는 사고로 여긴 심장마비

심장에 이상을 겪어보면 얼마나 빨리 생명이 몸에서 빠져나갈 수 있는지 알게 된다. 잠들었다가 다시는 깨어나지 못할까 봐 두려웠다. 심장마비 경험은 어느 깊은 틈새에 빠졌다가 도로 끌려 나온 것과 같았고, 끌려 나온 이유는 애초에 떨어진 이유보다도 더 알 수 없었다. 이후엔 언제나 한 발짝만 잘못 내디디면, 아니 심장이 한 박자만 잘못 뛰면 다시 틈새로 추락할지도 모른다고 느꼈다. 내가 봤던 무無가 이미 여기에 있음을, 내가 언젠가는 반드시 죽을 운명임을 앞으로도 계속 떠올릴 것이다. 심장마비는 잠시 죽는 것이며, 한번 죽음을 알게 된 몸은 전과는 다른 방식으로 산다.

자신이 건강하다고 생각하는 사람들도 똑같이 벼랑의 가

장자리를 걷고 있지만, 이들은 심연에서 떨어져 있는 단단한 지반만을 본다. 벼랑 끝을 걷고 있음을 아는 일은 그저 공포에 찬 경험만은 아니다. 그것은 또렷하게 보게 되는 경험이기도 하다. 언젠가 짙은 안개를 헤치며 로키 산맥의 높은 산길을 오른 적이 있다. 어느 고도에 도달하자 안개가 걷혔고 돌연 내 아래 놓인 모든 것을 볼 수 있었다. 추락한다면 바닥까지 닿는 데 한참 걸릴 높은 위치였지만 경치는 장관이었다. 그리고 안개가 걷히는 한순간에 나는 내가 어디에 있는지 알았다.

심장마비 이후엔 등산을 오래 할 수 없었다. 의사들은 심장근육에 바이러스 감염이 있었으리라 추측했다. 바이러스가 몸에 별문제를 일으키지 않을 때도 많지만, 때로는 심근염(심장근육에 발생하는 감염)을 일으키기도 하고, 때로는 뇌염(뇌에 생기는 염증)을 일으키기도 한다고 했다. 의사에게서 이 말을 듣자 내 상상 속의 깊은 골 위로 나 있는 가느다란 길은 더욱 좁아졌다. 러닝머신 위에서 달리는 동안 심장 활동을 관찰하는 스트레스 검사를 연이어 받았다. 병원 검사실에서 뛰었을 뿐이지만 다시 달리자 안심이 됐다. 하지만 불규칙한 박동이 계속 나타났고, 맥박이 정상 수준보다 훨씬 빨랐다. 심장전문의는 심장마비의 원인이 동맥폐쇄였을지도 모른다고 했다.

쓰러진 지 6개월이 지나 9월이 되자 몸이 많이 나아진 것 같았다. 하지만 스트레스 검사 결과는 더 나쁘게 나왔고, 또 다른 진단 방법인 혈관조영술로 넘어갈지 결정해야 했다. 혈관조영술은 첨단 기술을 사용하는 검사 방법이다. 사타구니 근처를 작게 절개해서 혈관을 통해 심장까지 가느다란 도관을 넣은 다음 이 관으로 심장까지 조영제를 주입하면, 조영제가 동맥을 따라 분산되는 모습이 엑스레이 화면에 나타나고 녹화되며, 심장전문의는 영상을 보고 폐쇄 지점을 찾아낸다. 심실의 심장박동 리듬도 초음파검사보다 더 자세히 관찰할 수 있다. 혈관조영술 검사는 부분마취를 하고 하는데, 적당한 엑스레이 각도가 나오도록 환자가 의사의 지시에 따라 움직여야 하기 때문이다.

혈관조영술 검사 때문에 심장 부위에서 감각을 느끼는 일은 절대 없다고 했지만, 도관이 혈관을 따라 심장까지 들어간다는 생각에 약간 겁이 났다. 검사받기를 고대한 적은 없으나 막상 시술이 시작되자 흥미롭기도 했다. 조영제가 주입되자 몸 전체에 기분 좋은 느낌이 확 퍼져서 처음 절개 시 느낀 찌르는 듯한 통증이 보상될 정도였다. 더욱 흥미로운 일은 모니터 화면에 있었다. 화면 위에서 내 심장이 박동하는 모습을 지켜봤고 조영제가 동맥을 통해 퍼져가는 모습도 봤다.

하지만 당시 내 관심은 심장을 구경하는 일보다는 조영제가 퍼져나가며 보여줄 결과에 쏠려 있었다. 다행히도 화면에는 힘차고 규칙적인 심장박동이 나타났고 동맥폐쇄도 없었다. '생사가 정해지지 않음'이라는 선고를 받은 것 같았던 6개월이었다. 심장전문의가 곧바로 '건강한 동맥들'이라고 판결을 내렸고 선고는 철회되었다. 이어 의사는 평소에 하던 운동을 해도 좋다고 말했다. 스트레스 검사를 더 할 거냐고 묻자 의사는 아니라면서, 검사 결과가 어떻게 나올지 안 봐도 잘 알 것 같다고 확신이 담긴 목소리로 답했다. 아마 병원 검사실에서 하는 달리기는 내게 잘 맞지 않는 모양이었다. 심장은 다시 바깥세상에 있고 싶어 했다. 나는 밖으로 나갔고, 돌아보지 않았다.

당시의 일에서 배운 게 없다고 한다면 자신을 지나치게 깎아내리는 말일 것이다. 다음 날 아침 심장이 어떻게 생겼고 모니터 위에서 어떻게 뛰고 있었는지 기억하며 전율을 느꼈고, 지금까지도 또렷이 기억한다. 몇 달 동안 추상적으로만 심장박동을 보여주는 심전도를 보다가 마침내 심장이 움직이는 진짜 모습을 보는 기회를 가진 것이다. 현시대의 사람들은 역사상 처음으로 자기 내부를 들여다보고 주요 장기가 작동하는 모습을 볼 수 있게 되었다. 화면을 통해 간접적으로 보는 것이긴 했지만, 몸 내부 공간의 모습을 들여다보는 일은 모험과도 같았다. 그날 내가 한 경험의 가치를 알아볼 만큼의 분별력은 있었다.

하지만 전반적으로는 질병의 세계에서 벗어나고 싶었고 내가 본 심연을 잊고 싶었다. 몇 달 후 마지막으로 검진을 받기 위해 방문했을 때 심장전문의는 3월의 그날 내가 운이 좋았고 다르게 결말났을지도 모른다고 했다. 바이러스가 다시 나타나도 내가 전보다 좀 더 강한 면역력을 보일 거라는 말도 했다. 또 의사와 나 둘 다 이제 내 동맥이 건강한 상태며, 나이를 고려해봤을 때 아마도 계속 좋은 상태를 유지할 것임을 알고 있었다. 의학이 내게 일어난 일을 '발병incident'이라고 불렀듯 나도 기꺼이 그 일을 그저 '사고incident'로 정의하고 싶었다. 내게 일어난 일은 인생이라는 길 위에서 타이어에 펑크가 난 것과 같아서, 짜증스럽지만 사소한 고장이었다. 시간을 좀 들여야 했고 수리하는 동안 더러움이 약간 묻기도 했지만, 어쨌든 타이어를 때웠고 아무 일도 없던 것처럼 다시 계속 갈 길을 갈 수 있었다. 한낱 사고였고 대단한 여파는 없는, 잠깐 일어난 일일 뿐이었다.

시간이 좀 지난 후 어느 날, 로버트 루이스 스티븐슨이 젊은 시절에 한 프랑스 남부 여행을 돌아보며 쓴 책에서 아주 멋진 구절을 읽었다. "자유롭게 방랑하고, 희망하고, 사랑할 수 있기에 신께 감사했다." 제약이나 두려움 없이 삶을 다시 시작하라고 심장전문의가 말한 후로 나는 한계를 두지 않고 자유롭게 하고 싶은 일을 했다. 치료되었다는 선언을 들었다고 이전의 신체 조건으로 바로 돌아갈 수 있는 것은 아니어서 숨 가빠하지 않으면서 뛸 수 있는 거리가 여전히 100미터 정도밖에 되지 않았지만, 원하는 것은 무엇이든 마음껏 할 수 있었다. 일어났던 일도 기꺼이 돌아보지 않을 수 있었다.

질병은 제약이다. 최선의 경우라고 해도 치료에 시간을 들이고 활동에 제한을 둬야 하며, 최악의 경우에 질병은 몸을 변형하고 손상하며 정신을 가둔다. 병원에서 나올 때마다 내 일부는 스티븐슨의 말을 되풀이하며 자유롭다는 것을 신께 감사한다. 하지만 자유롭기 위해 건강이 좋아야 한다면 자유란 너무 위태로운 것이 아닐까. 우리가 자신의 몸 상태에 얼마나 미미한 통제권만을 갖는지 심장마비를 겪었을 때 배웠어야 했다. 내가 겪은 '발병' 혹은 '사고'는 의사들이 알아낸 바에 따르면 바이러스가 주사위를 굴리다 우연히 나온 결과나 마찬가지였고, 회복 또한 운이고 우발적인 사건이었을 뿐이다.

심장마비를 단지 사고가 한 번 났던 것으로 여겼기에 무엇이든 자유롭게 할 수 있었다. 하지만 이 자유는 내 건강이 탄탄하다는 환상에 기초하고 있었다. 고장이 한 번 났으니 이제 여행의 나머지 부분은 당연히 순조롭게 이어지리라 생각하는 것과 비슷했다. 질병에서 벗어나지 못한 사람들, 운이 그리 좋지 못한 사람들에 관해서는 '안됐다'는 생각이 전부였다. 자신이 얼마나 취약한지 배웠어야 했지만, 취약함을 부인함으로써 나는 오히려 더욱 취약한 상태로 남았다.

우리는 취약한 생물이고, 인간들은 바로 이 취약함을 공유한다. 자유롭게 돌아다니고 희망하고 사랑한다는 것은 취약함을 부정하기보다는 받아 안는다는 뜻이다. 그리고 오로지 자신의 취약함을 완전히 인식하고 있을 때만 또렷하게 분별하는 법을 배울 수 있다. 또렷하게 분별한다는 것은 저곳이 아니라 이곳에서 돌아다니길 선택하는 일 이상이고, 저것이 아니라 이것을 희망하는 일 이상이고, 저것이 아니라 이것을 사랑하길 선택하는 일 이상이다. 또렷하게 분별한다는 것은 어디서, 무엇을, 누구를 선택하는 문제를 넘어, 모든 활동의 한가운데서 살아 있음을 확인하는 것이다.

돌아다니고 희망하고 사랑하는 것이 이런저런 선택을 좇는 일이 아니라 살아 있음을 확인하는 일일 때 더는 건강에 의존하지 않을 수 있다. 하지만 심장전문의의 진료실에서 나올 때의 나는 어떻게 혹은 왜 그러한지를 이해할 만큼 심하게 아프지는 않았다. 그리고 그해가 미처 다 가기도 전에 나는 배우게 된다. 충만한 삶을 산다는 측면에서는 아픈 사람이나 장애가 있는 사람이 건강한 사람보다 훨씬 더 자유로울 수 있음을. 건강한 사람은 자신이 의지를 발휘해 무언가 할 수 있다는 사실을 계속 확인하고 증명하고자 하며, 이를 위해 건강이 필요하다. 반면 아픈 사람은 자신이 취약하다는 사실을 받아들이면서, 자기 의지를 전혀 행사하지 않아도 세계가 이미 완벽하다는 것을 인정한다. 그리고 이렇게 받아들이기 때문에 아픈 사람은 자유롭다. 하지만 이 사실을 이해하기 위해 나는 다른 회복을, 사고에서의 회복이 아니라 질병에서의 회복을 배워야 했다.

심장마비를 그저 사고가 한 번 났던 것으로 여겼기에 나는 여전히 건강에 의존했고 건강을 당연한 권리로 여겼다. 건강을 삶의 조건으로 당연시하지 않으면서도 향유하는 방법을 몰랐다. 물론 건강을 선호하기가 쉽다. 그럼에도 건강을 꼭 필요로 하지는 않을 때, 오직 그때 우리는 자유로울 수 있다.

암이 찾아오다

심장마비를 겪은 후 15개월쯤 지나자 다시 건강해졌다고 느꼈다. 7월에는 수영-자전거-달리기 경주로 이어지는 철인 3종 경기에 출전해서 2년 전보다 1분 남짓밖에 길지 않은 기록을 세웠다. 전에 있던 곳으로 다시 돌아왔다고 생각했고, 이것이 내가 원한 회복이었다. 전과 같은 자리로 돌아오는 것. 하지만 전부 다 똑같아지지는 않았다. 샤워하고 몸을 말리는데 한쪽 음낭이 계속 쓰라렸다. 바이러스 감염으로 생기는 분비샘 부종이 어릴 때부터 자주 있었기 때문에 처음에는 별로 심각하게 생각하지 않았다. 불편한 느낌이 점점 커지면서 남성이라면 마땅히 정기적으로 해야 하는 일을 해보았다. 음낭을 혼자서 검사해보는 것이다. 왼쪽 음낭 밑에서 3분의 1

지점 부근에 무언가가 뾰족하게 솟아 있었다. 정상이라면 타원형이었을 모양이 숫자 8 모양으로 변한 것 같아서, 고등학교 생물 교과서에서 본 분할되기 직전의 세포 그림이 생각났다. 분할 중인 세포처럼 보였다는 말은 아니고 감촉이 그랬다는 것이다.

암이 아닐까 의심했다. '전문가'로서 훈련받을 때, 음낭에 전에 없던 무언가가 만져진다면 상투적인 표현이지만 정확한 말로 '위험한 것'이라는 지식을 조금 얻었기 때문이다. 1970년대 초반 대학원생이었을 때 역학疫學 전공인 사회학 객원교수의 세미나에 참석한 적이 있다(역학은 지리적·사회적 공간에 질병이 어떻게 분포하는지 연구한다). 사회역학 연구자들은 특히 질병이 나이, 성별, 인종 그리고 수입, 교육 수준, 고용 형태 같은 '사회계층' 요인에 따라 어떻게 달라지느냐에 주목한다. 그리고 세미나 중에 교수는 자신이 연구해본 가장 종잡을 수 없는 질환이 고환에 생기는 암이라고 했다.

그때까지는 고환암이라는 것을 들어본 적이 없었다. 암이 고환에 생길 수 있다는 사실은 놀랍지 않았지만, 분명 남자들이 듣고 싶어 하는 이야기는 아니었다. 가장 마음이 불편했던 부분은 고환암 환자들의 인적 특성이었다. 젊은 남성이고 거의 모두 백인이며 중간·중상 계층의 직업에 주로 종사한다고 했다. 말하자면 고환암은 젊은 대학교수들이 잘 걸리는 병이라고 교수는 농담했다. 고환암이 왜 이런 인적 특성을 가진 사람들에게 잘 나타나는지 밝혀낸 연구는 없는데, 해당 집단 사람들의 습관, 위험 요소, 생활방식 중 어떤 것도 연관성을 보이지 않기 때문이다. 하지만 사실은 사실이었다. 최악의 소식은 고환암의 예후였다. 당시 교수의 말로는, 고환암은 아주 치명적인 암으로 사실상 치료가 불가능하며 기대수명이 6개월가량밖에 안 된다고 했다. 고환암으로 죽어가는 일이 어떠할지는 우리 상상에 맡겨졌다.

아동기에 고환이 음낭으로 내려가지 않은 불강하不降下 고환을 가졌던 사람에게 고환암 위험이 더 큰 것으로 보인다는 사실 외에 알려진 고환암 발병 원인은 없다. 하지만 고환암 치료가 불가능하다는 교수의 말은 그 시절의 이야기라고 해도 틀렸다. 얼마나 빨리 진단되느냐에 따라 성공률이 달라지긴 하지만, 오늘날 고환암은 가장 성공적으로 치료할 수 있는 종류의 암이다.

고환에 무언가가 잡혔을 때 암이 아닐까 하고 의심할 만큼의 지식은 있었지만, 치료가 가능한지 파악할 만큼 깊게 알지는 못했다. 대학원 시절의 세미나에서 배워 기억하고 있는 바에 따르면 고환암은 아주 흉한 종류의 사형선고와도 같았고 고통스럽게 망가지면서 세상을 뜨게 되는 병인 듯했다. 나는 겁에 질렸지만 완전히 이성을 잃지는 않아서 재빨리 주치의와 약속을 잡았다. 고환에 이상이 있는 것 같다고 하자 의사는 약간 걱정하는 얼굴이었지만, 검사를 해보더니 다행히 암 같은 것은 만져지지 않는다고 했다. 왼쪽 고환이 더 작고 단단하지만 종양으로 보이지는 않는다는 설명이었다. 물론 내가 듣고 싶어 한 말이었다. 너무 안심한 나머지 당시 처음 들어본 병이었던 클라미디아라는 진단에 의문을 품을 만큼 깊이 생각해보지도 않았다.

클라미디아는 남성의 경우 쉽게 치료되지만 여성에게는 불임을 일으키는 주요 원인이 되기 때문에, 법에 따라 환자를 격리해둘 수도 있는 질환이다. 의사는 아마도 공중화장실이라든지 스파 욕조에서 옮았을지도 모른다고 말했지만 성관계로 전염되는 병이니 조심해야 한다고는 말해주지 않았다. 내가 결혼은 했는지, 성관계를 하는 파트너가 있는지조차 묻지 않았다. 의사가 제대로 조언해주지 않은 데다가 클라미디아가 아내에게 줄 수 있었던 위험을 생각해보면, 어떤 면에서는 진단이 틀려서 다행이었다.

하지만 그날은 오로지 너무 행복해하며 진단을 받아들였

다. 일단 암이 아니었고, 내게 있다고 생각한 클라미디아라는 병이 어떤 문제를 유발할 수 있는지는 알지 못했기 때문에 마음이 놓였다. 페니실린 몇 알을 먹기만 하면 모든 일이 다 괜찮아질 것이었다. 암 진단보다 훨씬 더 좋은 진단에 왜 의문을 제기하겠는가. 생명이 위험해질지도 모르기 때문에 의문을 제기했어야 했지만, 여전히 고환암이 사형선고라고 믿고 있던 나는 무엇이든 다른 설명에 매달렸다.

처방된 페니실린을 다 먹었을 때쯤 불편한 느낌은 통증으로 변했다. 계속 낙관할 수가 없었다. 의사는 완전히 나으려면 시간이 걸린다면서 페니실린을 한 차례 더 처방해주었다. 음낭이 쓰라리기 시작한 직후 달리기를 하다가 전에는 없던 요통을 느꼈다. 심장 문제를 겪고 다시 몸이 예전으로 돌아가면서 근육이 긴장했나 보다고 생각했지만, 통증은 점점 더 심해져서 아침에 아파서 깨어날 정도가 됐다. 의사는 근육 때문에 요통이 생겼을 거라는 내 생각이 맞고 요통은 음낭의 쓰라림과는 상관이 없다고 단언했으며, 페니실린이 클라미디아를 완전히 없애지 못하는 때도 있다면서 술폰아미드계 항생제로 처방을 바꿨다. 이 항생제에 부작용을 보이자 의사는 약을 전부 끊게 하고는 비뇨기과 전문의와 예약을 잡아줬다. 두 달이나 후였다.

9월 초가 되자 상태는 더 악화됐다. 요통이 심해져서, 똑바로 누워 자다가 등이 눌리는 느낌 때문에 한밤중에 깨어날 정도였다. 휴식을 취할 수가 없었다. 어느 불면의 밤이 지나고 다음 날은 일요일이었는데, 아침에 통증이 너무 심해서 제대로 서 있기도 어려웠다. 주치의에게는 더 기대할 만한 게 없었고, 또 일요일이었기 때문에 아내가 운전해서 병원 응급실에 갔다. 통상적인 혈액검사와 소변검사, 엑스레이검사를 받았고, 모두 정상으로 나왔다. 만성 변비라는 진단을 받았으며 유제품을 피하고 과일을 많이 먹으라는 조언을 듣고는 집으로 돌아왔다. 내 기억으론 촉진觸診검사는 전혀 없었다. 실험실에서 나온 검사 결과로 모든 것을 알 수 있다는 식이었다. 그러면 이제 두 명의 의사가 내게 별문제가 없다는 말을 한 것이다. 의사들의 말을 믿고 싶었지만 내 몸은 계속 다르게 주장했다.

요통이 가라앉지 않는다고 하자 주치의는 스포츠의학 전문의를 소개해줬다. 정치인과 의사들은 '의사 쇼핑' 같은 말을 써가며 여러 의사를 전전하는 행동을 지탄하지만, 신경을 긁는 비난이며 표현 자체도 모욕적이다. 내가 **세 번째** 의사를 '쇼핑'해서 다른 의견을 구하지 않았더라면 나는 아마 죽었을 것이다. 고환암 종양은 가장 빨리 자라는 종류의 종양이고 치료 성공률은 조기 발견 여부에 따라 달라지기 때문이다. 운 좋게도 내가 만난 스포츠의학 전문의는 노련한 내과 의사였으며 근골격계 원인 이외의 요인을 볼 수 있을 만큼 판단력이 좋았다. 의사는 복부에 직접 손을 대고 검사하더니 덩어리같이 잡히는 무언가를 찾아냈다. 뭐 같냐고 묻자 그는 암일지도 모른다고 답했다. 그때쯤엔 암에 걸렸을지도 모른다는 생각이 무섭다기보다는 위중한 상태라고 확인받는 일이 더 무서웠다.

너무도 오래 통증으로 고생해왔기에, "네, 뭔가 문제가 있는 것 같군요"라는 말을 듣자 잠시뿐이었지만 안도감이 들었다. 암일지도 모른다는 말이 꼭 엄청나게 충격적일 필요는 없다. 가장 두려워하던 일이 의사의 말로 사실이 되었지만, 나를 쳐다보던 눈빛과 몇 마디 말만으로 그는 자신이 상황의 심각성을 함께 나누고 있음을 보여줬다. 의사는 나를 힘껏 응원했고, 그가 보여준 지지는 개인적이었지만 또한 전문가다웠다. 이후에 만난 의사들은 병이 잘 진단됐고 예후도 좋을 거라며 낙관했다. 하지만 그 스포츠의학 전문의는 환자일 뿐 아니라 한 인간인 나에게 낙관을 표현해준 거의 유일한 의사다.

다른 소견이 공식적으로 나오자 의학의 조사가 시작됐다.

며칠 뒤에는 비침습적非侵襲的 검사*인 초음파검사를 받았다. 보통 태아의 모습을 보는 데 많이 사용되는 검사라서 대기실에서 임신 중이 아닌 사람은 나 하나뿐인 듯했다. 환자에게 초음파검사는 흥미로울 수 있다. 환자 옆에 놓인 화면을 통해 의사가 엑스레이 화상을 보고는 무엇을 발견했는지 말해주기 때문이다. 하지만 진단 결과는 흥미로운 정도를 넘어 상당히 충격적이었다.

초음파검사에서 나는 절반만 운이 좋았다. 검사를 한 의사가 훌륭한 기술자이긴 했지만 소통에는 영 무능했던 것이다. 의사는 위胃 뒤편에서 심한 림프샘 종대腫大, 다시 말해 림프샘이 거대해진 모습을 관찰했다고 했다. 무엇 때문에 커진 것이냐고 묻자 의사는 원발성原發性 종양 때문일 수도 있고 속발성續發性 종양 때문일 수도 있다고 무뚝뚝하게 말했다. 림프샘 자체가 악성일지도 모르고, 아니면 다른 지점에 있는 악성 종양이 자라나서 림프샘이 비대해진 것일지도 모른다는 뜻이다. 의사가 노련하게 종양을 찾아냈다는 사실에 경의를 표하지만 지금에서야 할 수 있는 생각일 뿐이다. 당시 지하층의 그 검사실에서 떠올릴 수 있었던 전부는 '의사

---

* 몸을 절개하거나 기구를 체내에 삽입하지 않고 하는 검사.

가 지금 내게 거대한 종양이 있다고 말하고 있다'뿐이었다. 의사는 무뚝뚝하게 답하고는 아무 말도 더하지 않았다. 그는 주치의에게 진단서를 보낼 것이었고, 그뿐이었다. 안녕히 가시라는 말도, 행운을 빈다는 말조차 없었다. 통신 끝, 이상이다. 초음파검사실에서 한 경험은 과학이 거둔 승리였지만 인간성이 부재한 현실이기도 했다.

스포츠의학 전문의의 진료실을 나오면서는 누군가가 내 통증을 심각하게 여겨줬다고 느꼈고, 의사에게 든든한 지지를 받을 수도 있다는 것을 알았다. 하지만 초음파검사실에서 나올 때는 완전히 혼자 암이라는 현실과 마주하고 있다고 느꼈다. 몇 주 동안이나 걷기도 힘들게 하는 통증에 시달려왔다. 하지만 이제는 통증에조차 무감해졌다.

암이라는 말을 듣는 경험은 어땠을까? 미래가 사라지는 것 같았다. 사랑하는 이들은 다시는 못 볼 얼굴들로 변했다. 비현실적이지만 완전히 현실인 악몽 속을 걷고 있는 듯했다. 이런 일이 나에게 일어날 리 없어. 하지만 일어나고 있었고, 계속 일어날 것이었다. 내 몸은 바닥이 없는 모래 수렁으로 변했고 나는 자신 안으로, 질병 안으로 가라앉고 있었다.

심장 문제 이후 캐시와 내가 삶을 다시 꿰맞추려고 애쓰고 있던 바로 그때, 암이 또 한 번 우리를 산산조각 내기 시작했다. 집 근처의 도로를 시市가 거의 매년 파헤치는 것처럼, 도로포장이 마무리되고 차들이 움직이기 시작하자마자 파이프가 다시 파열되거나 매설된 전선이 망가지는 것처럼, 우리 부부의 삶이 그랬다. 도로 차단이 해제되었습니다. 다시 드릴 작업이 시작됩니다. 또 다른 한 해, 또 다른 재앙이었다.

단지 사고 한 번 같았던 심장마비 이후엔 되돌아올 수 있었다. 사람들은 말하기도 했다. "정말 되돌아오셨군요." 이 말은 정확한데, 대부분의 경우 우리는 어떤 경험 속으로 가라앉아버리기보다는 수면을 건드리고 말기 때문이다. 심장마비를 겪은 후엔 정말 되돌아왔던 것인지도 모른다. 하지만 암에서는 끝까지 가라앉은 다음 다른 편에 있는 삶을 발견해야 했다. 암은 단지 사고 한 번이 아닐 것이었다. 나는 암을 전부 경험해야만 했다.

한밤의 통증 사이로 엿본 아름다움

의사들이 암을 찾아낸 이야기는 다시 병이 났던 이야기 중에
서도 제도와 관련된 부분일 뿐이다. 의료 제도 안의 경험은
그 나름대로 중요한 자리를 차지하지만, 더욱 중요한 부분은
당시 내가 내 몸 안에서 무엇을 경험했느냐다. 그리고 내가
경험한 암 이야기는 통증에서 시작한다. 의학이 발전하면서
중병을 앓는 기간의 상당 부분 동안 통증을 억제할 수 있게
됐지만 아직 통증을 완전히 정복하지는 못했다. 통증을 가장
심하게 경험하는 시기는 벌어지고 있는 일을 의사들이 이해
하기 전인 질병의 시작 부분과 몸이 예측할 수 없게 변해버
리는 끝부분이다. 다행히 내 경험은 끝부분에 도달하지 않았
고, 따라서 통증은 이야기의 시작 부분에만 있다.

통증은 몸이 질병에 반응해서 나타난다. 통증이 생기면 사람들은 질병에 걸린 것이 아닌지 의심해본다. 또 통증은 사람들이 질병에서 가장 두려워하는 것이기도 하다. 암 때문에 겪어야 하는 일 중에 통증이 가장 힘들 수도 있고 아닐 수도 있지만 가장 묘사하기 어려운 일임은 분명하다. 특정 통증을 묘사하는 단어는 많다. '날카로운', '지끈거리는', '꿰뚫는 듯한', '타는 듯한', 심지어는 '둔한'이라는 말도 있다. 하지만 이 단어들이 통증 경험을 묘사하지는 못한다. 통증 '속에서' 산다는 것이 어떤 의미인가를 표현하는 용어는 없다. 통증을 표현할 수 없기에 아픈 사람은 자신에게 할 말이 없다고 믿게 된다. 입을 다물게 되면서 아픈 사람은 통증 속에 고립되며, 고립은 통증을 악화시킨다. 자신이 병에 걸렸음을 알게 될 때 올라오는 메스꺼움처럼, 통증 속에 있기 때문에 더해지는 통증도 있다.

내 통증은 등에 있는 속발성 종양이 눌러서 생겼고, 잠시라도 몸을 눕히면 더 심해졌다. 신장 근처 허리 쪽에 나타나는 단단히 죄는 듯한 느낌 때문에 아침에 깨어나곤 했다. 얼마 안 있어 밤에도 통증 때문에 깼고 제대로 잠을 자지 못하게 됐다. 그렇게 며칠이 지나자 졸음을 전부 털어내지 못할 정도로 너무 피곤했지만 편히 쉴 수가 없었다. 천국에도 지

옥에도 가지 못한 사람들이 머문다는 림보limbo에 있는 것처럼, 졸다 깨다를 반복하며 밤을 보냈다. 그 밤들엔 언제나 통증과 함께였다.

내 병은 통증을 밤과 연결했다. 종양이 몸을 장악하면서 통증은 정신을 장악했다. 통증이 빚어낸 고립과 외로움은 어둠 속에서 더 커진다. 아픈 사람이 평화로이 몸을 눕힌 사람들에게서 분리되기 때문이다. 한밤중, 통증 속에 있는 사람의 세계는 더는 하나로 붙어 있지 못하고 조각나 떨어져 나온다.

통증 때문에 조각나는 듯한 경험을 쓰다 보면 모든 것이 부서지는 듯하던 느낌이 다시 돌아오기도 한다. 언어는 쉬이 빗나간다. 앞에서 나는 통증 속에서 보낸 밤들에 얼굴을 마주하고 있는 것처럼 질병을 알게 됐다고 썼다. 하지만 이 비유는 경험을 왜곡한다. 내가 얼마나 질병에 얼굴을 주고 싶었든 간에, 다시 말해 얼마나 질병을 일관성 있게 표현하고 싶었든 간에 질병은 어떤 존재가 아니다. 질병에 얼굴을 주고 싶은 마음이 어둠 속에서는 더욱 커지기 때문에 나온 비유일 뿐, 질병에 얼굴이 있다는 말은 경험을 더 조각내고 뒤섞는다. 내가 한밤중에 마주한 것은 나 자신이었을 뿐이다.

이해하지 못하는 무언가에 장악됐다고 느낄 때 인간이 흔히 보이는 반응은, 위협이 되는 무언가를 설명하는 신화를 만들어내는 것이다. 우리는 통증을 '그것'으로, 신으로, 싸워야 하는 적으로 만든다. '그것'이 사악해서든 아니면 우리 잘못으로 '그것'이 진노를 일으켜서든 우리는 통증이 자신을 괴롭힌다고 생각한다. 그것을 저주하고 그것이 자비를 베풀게 해달라고 기도한다. 하지만 통증에는 얼굴이 없다. 통증은 밖에서가 아니라 자신에게서 왔기 때문이다. 통증은 바로 내 몸, 무언가가 잘못되었다고 신호를 보내는 내 몸이다. 통증은 몸 자신에게 말하고 있는 몸이지, 외부에 있는 어떤 신이 으르렁거리는 소리가 아니다. 통증과 씨름하는 일은 몸 바깥에 있는 무언가에 맞서 전쟁을 벌이는 것이 아니라 그저 몸이 몸 자신에게로 돌아오는 것이다.

하지만 통증을 전부 내 몸 안에 있는 내 것으로만 본다면 몸 안에 고립되어버릴 위험이 있다. 그리고 고립은 조각나 부서지기 시작한다는 뜻이다. 건강할 때 몸은 질서정연하고 주위 환경에 조응하며, 몸 부위들은 서로 조화를 이루며 작동한다. 누웠을 때 몸은 편안함을 느끼면서 휴식하고, 깨어날 때는 활동할 준비가 되어 있다. 하지만 휴식과 활동이 이어지는 자연스러운 리듬은 통증 속에서 사라지고, 그러면서 계획과 전망도 사라지며, 과거와 미래가 서로 맞물려 있을 때는 이해할 수 있었던 삶 또한 사라진다. 조화는 붕괴하고 조각난다.

조화란, 한밤중 다른 사람들이 잘 때 함께 자고 함께 휴식하는 것이다. 함께 쉬지 못하고 불려 나오면서 아픈 사람은 조각나 떨어져 나오며, 무엇보다 삶의 자연스러운 주기라는 온전함을 상실한다. 하지만 여기서 또다시 나의 언어는 삐끗한다. 아무것도 나를 잠에서 불러내지 않았다. 몸의 통증 때문에 일어났고, 통증을 의식하며 혼자 깨어 있으면서 자고 있는 사람들에게서 떨어져 나왔다는 느낌이 들었을 뿐이다.

아픈 사람이 겪는 추방당하는 듯한 경험은 통증과 함께 시작한다. 조화롭게 통일되어 있다는 감각 안에서만 통증은 아픈 사람이 느끼는 전부가 아니라 일부일 수 있다. 이 감각을 회복하기 위해 아픈 사람은 자신이 떨어져 나온 사람들 사이로 돌아가는 길을 찾아내야 한다.

통증 때문에 깨어 있던 밤들에 아내를 깨울 수도 있었다. 아내를 불러내 내가 고통스러워하는 모습을 보게 하고, 그래서 혼자 외로워하지 않을 수도 있었다. 하지만 캐시를 깨웠다면 자연스러운 주기에 맞춰 흘러가기에 조화로운 그녀의 일상을 훼손했을 것이다. 캐시는 여전히 낮 동안 일하고 밤에는 잤다. 그녀의 삶에는 내 삶에서는 사라진 질서가 있었다. 자연스러운 주기 바깥에 있던 나는 낮에는 너무 피곤해서 일할 수가 없었고, 밤에는 등을 망치로 치는 듯한 통증 때문에 잘 수가 없었다. 야행성도 주행성도 아니고 어느 쪽의 존재도 되지 못한 채로 일상의 바깥에 머물렀다. 존재하고는 있었지만 역할을 다하지 못했고, 부재하고 있었지만 부재하는 이유를 전부 댈 수 있는 것도 아니었다. 나는 제자리가 아닌 곳에서 삶을 살고 있었다.

악몽을 꾸곤 했다. 금지된 장소에 있었고 옷을 하나도 걸치지 않은 채였다. 사람들의 눈을 피해 돌아가야만 했다(어디로 돌아가야 하는지 꿈속에서는 알 수 없었다). 때로 이 악몽은 모험이 되기도 했다. 조용하게, 또 벌거벗은 채로 나는 어둡고 텅 빈 골목을 따라서 반쯤은 날고 반쯤은 흘러갔다. 어떤 때는 붙잡히기도 했다. 모두가 나를 쳐다보지만 말이 나오질 않고 몸을 움직일 수가 없었다. 이런 꿈 안에서 겁이 났던 이유는 내가 내 자리에 있지 않기 때문이기도 했다. 그리고 통증에서 벗어날 수 있는 자세를 찾기 위해 반쯤은 앉고 반쯤은 누워 있던 밤들에도 마찬가지였다. 나는 제자리에 있지 않았다.

오늘 밤에만 통증이 있는 거라고, 근육이 뭉쳤을 뿐이며 내일은 사라질 거라고 공상했다. 무언가가 정말로 잘못됐을까 봐 겁이 나서 더욱 헛된 생각에 매달린 것이기도 하지만, 당시 의사의 소견도 내 공상과 같았다. 어느 날 의사는 강력한 진정제를 처방해줬고 밤에 약을 먹었는데도 불구하고 악몽을 꾸다 깨어났다. 그날 악몽을 꾼 후 조각나 부서지는 것 같은 경험에 정말로 형태와 얼굴이 생겨났다. 의사와 내가 함께 공상하고 있던 것이나 마찬가지였지만, 그 밤 이후 나는 더는 그럴 수 없었다.

왜 캐시를 깨우지 않았느냐는 질문에 아직 절반만 답했다. 다른 절반의 이유는 캐시의 잠이 내게 유일하게 남은 질서였기 때문이다. 더는 다른 사람들이 휴식할 때 함께 쉴 수 없었지만 그렇기에 더욱 가족의 휴식이 소중했다. 나는 잘 수 없었지만 여전히 아내의 잠은 아껴줄 수 있었다. 그녀의 수면을 방해했다면 정말 고통스러웠을 것이다. 나중에 더 심하게 아프게 되었을 때는 밖에서 달리는 사람들을 보며 움직일 수 있는 그들의 능력과 그들 몸 안의 자유를 사랑했다. 그리고 그들도 자신이 할 수 있는 일을 소중히 여기길 바랐다.

통증에 대처하는 방법을 제시하면서 통증 이야기를 끝내면 좋겠지만 그런 방법을 배우지는 못했다. 입원할 때쯤엔 종양이 이동해서인지 어떻게 변해서인지는 몰라도 침대에 편히 누울 수 있었다. 의학적으로 설명할 수도 있겠지만 큰 관심은 없다. 중요한 것은 통증이 할 일을 했다는 것, 다시 말해 다른 의사를 만나보게 했다는 것이다. 주치의가 잡아놓은 비뇨기과 진료일이 됐을 때는 이미 수술도 받고 화학요법도 한 차례 받은 후였다. 통증은 원래 나를 돕기 위해 생겨났다. 무언가가 바뀌어야 한다고 집요하게 주장하는 내 몸, 그것이 바로 통증이다.

통증에 대처하는 방법을 발견하지는 못했지만 통증이 저절로 나아지기 전의 어느 날 밤, 조각나는 듯한 느낌에서 빠져나갈 출구를 발견했다. 위층으로 올라가다가 창에 비친 풍경과 마주쳤고, 멈춰 섰다. 진정 환영과도 같았다. 창밖에는 나무 한 그루가 있었고 나무 바로 위쪽의 가로등이 나무 그림자를 서리 낀 창문에 떨어뜨리고 있었다. 그곳에, 암흑과 고통밖에 없는 듯했던 한밤중의 창에 아름다움이 있었다. 아름다움의 얼굴을 볼 때 우리는 제자리에 있게 된다. 모든 것이 조화로워진다. 창을 바라보는 동안 그 아름다움은 내 안에서 짧은 시가 되었다.

나뭇가지 뒤 가로등이
서리 낀 창 위에
무늬를 던진다

유리를 닦지 마라
사람들이 깨어날라

　질병에 얼굴이 있다면 그 가로등 불빛의 아름다움이 질병
의 얼굴이 될 수 있지 않을까 생각했다. 하지만 그 밤에 창문
에서 본 것은 질병의 얼굴이 아니었다. 진통제 약효를 뚫고
나온 통증이 악몽을 만들어냈을 때 악몽 속에서 질병의 얼굴
을 본 것이 아니었던 것과 마찬가지다. 그 밤의 창문은 신화
도 상징도 아니었다. 창문은 오로지 창문이었을 뿐이다. 그
런데도 나는 홀린 듯 바라볼 수밖에 없었다. 여전히 통증 속
에 있었지만 통증이 나를 그 자리로 데려갔기에 창에 비친 아
름다움을 볼 수 있었다. 조화가 다시 돌아왔다.
　나아가 조화는 이야기되어야 한다. 표현되어야 한다. 형편
없는 시구일지는 몰라도 나는 다시 자신을 표현하고 있었다.
표현할 수 없는 통증 속에서 아픈 사람은 고립되며, 입을 다
물면서 추방되었다고 느낀다. 어떤 형태로 표현되든 일단 표
현된 말은 다른 사람을 향한다. 곁에 아무도 없을 때라도 그
렇다. 표현한다는 것 자체가 이미 다른 사람 앞에서 말한다
는 뜻이다. 그리고 표현함으로써 아픈 사람은 다시 사람들
사이로 돌아온다. 사람들은 각자의 집에서 평화롭게 잠자고,

나는 내 집에서 아름다운 무언가를 보았다. 여전히 혼자였지만 나 자신을 표현함으로써 다른 사람들과 함께였다.

조각나는 듯한 경험을 쓰기가 어려운 것처럼 다시 조화 속에 있다고 느꼈던 경험도 표현하기 어렵다. 하지만 내 말이 조화로운지는 중요하지 않다. 소통하고자 하는 시도만으로도 아픈 사람은 조화를 경험할 수 있기 때문이다. 내 시의 단어 하나하나는 중요하지 않았다. 나는 표현하고자 했을 뿐으로, 표현이 조화를 가져오기 때문이다. 그 시를 '보기' 위해 창문이 필요했다. 그리고 본 것을 다른 사람들의 세계 안에 두기 위해, 그럼으로써 다른 사람들의 세계 안에 내가 있을 자리를 되찾기 위해 나에게는 그 시가 필요했다.

소중히 하는 마음에 관해서는 좀 더 쉽게 쓸 수 있다. 가족들은 잠들어 있었고 그들의 잠은 내게 소중했다. 통증 때문에 깨어 있던 밤에도 여전히 아름답고 소중한 것들이 있었다. 가족의 휴식은 그중 하나였다. 그리고 이런 마음 때문에 통증은 견딜 만해졌다. 질병과 통증은 삶을 조각내지만, 사는 이유를 모두 빼앗겼다고 혹은 사는 이유가 막 사라질 참이라고 느끼는 순간에 우리는 다시 조화를 발견하곤 하며, 그렇기에 계속 살아갈 수 있다. 창에 비친 아름다움을 본 그 밤에 통증은 덜 중요했다. 내 몸에서 나를 떼어냈기 때문이 아니라 내 몸 밖으로 나를 연결했기 때문이다. 아내의 잠도, 그 창도 소중했다. 이렇게 아끼는 마음이 다시 모든 것을 조화롭게 했고, 그래서 나 자신도 계속 소중히 할 수 있었다. 당시에는 창문에서 본 것을 모두 이해할 만큼 심하게 아프지는 않았다. 언어는 오직 나중에야 경험을 따라잡는다. 하지만 그 밤, 내가 서 있는 자리가 소중하다는 사실만은 알고 있었다.

잃어버린 것들을 애도하기

질병은 상실을 불러온다. 상실은 통증처럼 몸 안에서 시작되고, 그다음엔 밖으로 이동해나가서 몸과 다른 사람들 사이의 관계에 영향을 준다. 사람들과의 관계가 처음으로 껄끄러워진 때는, 병원 검사에서 안 좋은 결과들이 나오고 있었지만 암이라는 진단은 아직 확정되지 않았던 몇 주 동안이다. 자거나 걷는 등 당연히 할 수 있던 일들을 몸이 못하게 되면서 계획을 세울 수도 없었고 일을 맡을 수도 없었다. 하지만 나는 암이 있다고는 믿고 싶지 않았고 주변 사람들은 암일지도 모른다는 이야기를 듣고 싶어 하지 않았다. 해낼 수 있을지 확신할 수 없는 일들을 피하려고 어정쩡한 모습을 보이자 사람들은 내가 거리를 둔다고 생각했다. 우정을 하찮게 여겨서 그렇게 행동한 것이 아니었다. 다른 사람들은 자연스럽게 계획을 세우고 미래를 예상할 수 있지만 나는 몸 때문에 그런 자연스러운 흐름 안에 있을 수가 없었다. 다른 사람들은 당연하다는 듯 계획을 짰지만 내게 미래는 전부 불확실했다. 나는 어딘가에 속해 있다는 느낌을 잃었다.

계획을 세울 수 없다는 것은 소속감을 상실하는 과정의 시작일 뿐이다. 초음파검사에서 림프샘 종대를 본 날 나는 자신을 꽤 잘 다독이면서 집에 돌아갔다. 그날은 마침 장모님이 화학요법 치료를 다시 받기 시작한 날이었기 때문에 나는 혼자였다. 아내와 나는 아내가 어머니 곁에 있는 게 좋겠다고 결정했는데, 어쩌면 우리 둘 다 내게 일어나고 있던 일을 부정하고 있었던 것인지도 모르겠다. 집에 들어갔을 때 캐시는 아직 외출 중이었고, 내게 막 일어난 일이 한꺼번에 덮쳐왔다. 눈앞에 보이는 것이라곤 함께 나이 들어갈 수 없을 얼굴들뿐이었다. 첫 번째 결혼에서 얻은 딸, 아내, 부모님. 내가 곧 죽을 것이라고 생각했다. 이들과 함께하는 미래가 사라진다는 생각을 하자 죽음이 고통스러웠다. 삶의 이유가 그 순간만큼 분명했던 때가 없었다.

미래가 사라지면서 과거 또한 사라졌다. 나는 종양이 자라고 있는 고환을 제거하는 수술을 받아야 했고, 수술이 얼마

남지 않았던 어느 날 밤에 가장 뼈아프게 과거가 사라지고 있다고 느꼈다. 내가 받은 수술은 '고환절제술orchidectomy'이라 불리기도 하고 '고환적출술orchiectomy'이라 하기도 한다. 고환을 뜻하는 그리스어 '오르키orchi'에서 온 이름으로, 지금까지도 이 수술명을 들으면 난초orchid류의 이국적인 꽃이 떠오른다. 그리고 수술로 꽃을 뽑는 거지. 나는 이 농담이 우습다고 생각했다. 다가오는 수술 때문에 괴롭지는 않았다. 수술받을 부위에 대단히 애착을 느끼기엔 통증이 너무 심했기 때문이다. 한쪽 고환이 없어져도 성 기능이 손상되지는 않을 거라고 했다. 일부 고환암 환자처럼 내가 10대 후반이었다면 수술이 다른 의미를 가졌을지도 모르지만, 내 나이에는 통증때문에 움찔거리지 않으면서 바지를 끌어올릴 수 있는 게 더 중요했다.

하지만 젊은 시절과의 연속성이 몸에서 갑자기 사라질 것이라고 느끼기는 했다. 중년이라는 시기는 몸과 삶 안으로 서서히 들어오기 때문에 몸 상태가 좋은 날엔 아직 젊다고 자신을 속일 수도 있다. 수술 며칠 전 거울을 들여다봤다. 거울에 비친 몸은 스물두 살 때의 몸이나 서른 살 때의 몸은 아니었지만 여전히 연속성 위에 있었다. 변화와 노화는 조금씩 왔다. 다른 때였더라면 서른 살의 몸을 보고 있다고 자신을 속일 수도 있었을 것이다.

그 밤, 수술 이후엔 절대로 같은 몸으로 돌아갈 수 없으리라는 것을 알았다. 화학요법 치료를 받으면 등에 있는 종양이 상당히 축소될 수 있다는 사실을 알고 있었지만, 그렇다고 해도 전과 똑같아지지는 않을 것이었다. 수술과 화학요법 치료는 과거로부터 이어지는 연속성에서 내 몸을 끊어낼 것이고, 이 변화는 돌이킬 수 없을 것이었다. 변화된 후의 나 자신이 어떨지 겁이 나지는 않았지만 곧 사라질 예전의 자신을 애도할 필요는 있었다. 그 밤의 애도는 마치 오래 사랑했던 장소에 안녕을 고하는 일과도 같았다. 나는 살면서 몸을 잘 돌보려 애써왔고 몸도 나를 잘 대해준 편이다. 하지만 이제 완전히 이해하지 못한 어떤 치료가 내 몸을 다른 무언가로 바꿀 참이었다.

그날 밤 내가 했듯 몸에게 작별 인사를 할 때 우리는 자신이 살아온 방식에 안녕을 고한다. 어느 나이 이후로는 모든 사람이 자기 얼굴에 책임이 있다는 오래된 격언이 있다. 한 사람이 살아온 역사는 몸에 기록된다. 몸에 남은 나의 역사에는 물론 후회되는 부분도 있지만, 조금 있으면 사라질 역사이기에 애도했다. 수술과 화학요법 치료가 몸을 뒤바꾸고 나면 나는 다르게 살게 될 것이었다. 달라지면서 많이 잃을 것이고 또 그만큼 많이 얻겠지만, 무엇을 얻을지는 아직 알지 못했던 반면 상실할 것은 거울 속 바로 내 앞에 놓여 있었다.

몸 이외에 잃은 것들도 있다. 캐시와 나는 최악의 일이 벌어진다면 친구와 친척들이 우리를 염려하고 함께 있어주길 바랐다. 이후 최악의 일이 정말로 일어났을 때 우리는 다른 사람들이 어떻게 행동할지 더는 예상할 수 없었다. 어떤 이들은 곁을 지켜줬고 어떤 이들은 사라졌다. 질병은 나뿐만 아니라 아내와 나에게 일어난 일이었고, 그래서 지금 우리 부부는 내 질병을 외면한 이들과 다시 관계를 시작하기가 어렵다고 느낀다. 이 사람들과의 관계 또한 상실의 일부다.

캐시와 내가 삶에 걸었던 순진한 기대도 사라졌다. 일을 하며 이런저런 것들을 성취하고, 아이들을 낳아 자라는 모습을 보고, 다른 사람들과 경험을 나누고, 우리 부부가 함께 늙어가리라는 기대가 평범해 보이던 때도 있었다. 이제 우리는 이런 일들이 일어날 수도 있고 아닐 수도 있음을 안다. 삶은 예측할 수 없다. 무엇이 기대할 수 있는 평범한 일인지, 캐시와 나는 이제 잘 모르겠다. 삶에 거는 순진한 기대를 잃었다는 것이 질병을 겪으며 얻은 수확으로 보일 날이 언젠가 있을지도 모른다. 하지만 지금은 상실로 느껴진다.

미래와 과거의 상실, 어딘가에 속해 있다는 느낌의 상실,

평범한 기대의 상실은 캐시와 내가 함께 겪은 것이든 나 혼자만의 것이든 모두 애도되어야 했다. 아픈 사람이 무엇을 상실하느냐는 각자의 삶과 질병에 따라 다르다. 아픈 사람이 애도하기로 택한 것에 의문을 제기해서는 안 된다. 어떤 사람이 상실했다고 하는 것이 다른 사람에게는 이상해 보일 수도 있지만, 상실은 실재하며 존중받아야 마땅하다. 나는 운이 좋았기에 아내와 함께 애도할 수 있었고, 그러면서 상실과 함께 살아가는 가장 부드러운 방식은 상실을 다른 이와 나누는 것이 아닐까 생각하게 됐다.

　내가 상실한 것 그리고 캐시와 내가 같이 상실한 것에 대해 썼지만, 캐시가 홀로 상실한 것은 말하지 않았다. 어쩌면 지금까지도 아내가 잃은 것 중에 나는 아주 일부만을 알고 있는지도 모른다. 아픈 사람을 돌보는 사람은 애도하는 시간을 갖기가 더 어려운 편이다. 또 애도의 필요성을 인정하는 데도 더 큰 어려움을 겪는다. 돌봄을 제공하는 사람인 캐시도 아픈 사람인 나만큼이나 상실을 애도하고 인정할 필요가 있다는 사실을, 내가 아팠던 동안 우리 둘 다 알고는 있었다. 둘 다 마음껏 슬퍼해야 했고 또 그러고자 했지만, 애도는 우리 마음대로 자연스럽게 진행되지 않았다. 내 질병 경험을 애도할 시간을 갖기도 전에 캐시 어머니의 병환이 위중해지면서 결국 세상을 떠났기 때문이다. 장모님이 아프면서 애도의 단계는 뒤섞여버렸고, 캐시와 나는 내 병 때문에 슬퍼하는 일을 미뤄둬야 했다. 이런 경험을 하면서 우리는 제대로 애도하지 못했을 때 삶이 어떻게 손상되는지 배웠다.

사람들이 애도와 관련해 겪는 문제는 대부분 상실이 겹쳐서 생기기보다는 상실한 사람이 그만 슬퍼하길 주변에서 바라기 때문에 생긴다. 의료진, 가족, 친구 등 모두가 질병에서 비롯된 상실이든 죽음에서 비롯된 상실이든 아픈 사람이나 돌보는 사람이 최대한 빨리 상실에 적응하길 바란다. 아픈 사람이 슬퍼하다 보면 치료가 늦어질 수도 있고, 한편으로 슬퍼하는 모습은 주변 사람들에게 자신도 언젠가는 죽는다는 사실을 떠올리게 하기 때문일 것이다. 사회는 아픈 사람과 돌보는 사람이 상실을 그리 대단치 않은 일로 정리하고 잊은 다음, 건강한 보통 사람들 사이로 돌아가라고 압력을 가한다.

전문가들은 적응해야 한다고 목소리를 높이지만 나는 애도가 '긍정하는 일'일 수 있다고 강조하고 싶다. 질병이나 죽음 때문에 사라진 것을 애도하는 일은 지금까지 살아온 삶을 긍정한다. 상실이 그저 뒤돌아 나오면 되는 사건인 양 단순하게 다룰 때만 '신속한 적응'을 말할 수 있다. 이 말은 상실한 무언가를, 상실한 누군가를 존중하지 않는다. 아픈 사람이 그때껏 함께 살아온 자기 몸과 헤어질 때, 또 돌봄을 주던 사람이 돌봄을 받던 사람의 죽음으로 고통스러울 때 시간을 두고 충분히 애도할 수 있어야 한다. 이렇게 충분히 애도한 후에야 한 사람은 상실을 통과하여 다른 편에 있는 삶을 발견할 수 있다.

이 책이 어떤 의미에서는 아프기 전의 젊은 나 자신에게 보내는 편지이기도 하다고 앞에서 썼다. 나는 젊은 나에게 전하고 싶다.

상실을 충분히 슬퍼하고, 당신이 슬퍼하는 모습을 있는 그대로 받아들이는 사람들을 찾으세요. 당신이 잃어버린 것이 아무것도 아니라는 식으로 대하는 사람들은 피해요. 이런 사람들은 당신이 느끼는 상실을 사소하게 만들고 싶어 합니다. 다른 사람의 상실과 비교하거나 곧 익숙해질 거라고 말하죠. 많은 것이 당신에게서 사라지고 있을 때 아무도 이 사실을 부정해서는 안 됩니다. 상실은 당신 경험의 일부이고, 당신에겐 슬퍼할 권리가 있어요. 질병은 삶의 모든 부분이, 상실조차, 경험할 가치가 있다는 점을 가르칠 수 있습니다. 제대로 슬퍼하는 일은 당신이 잃어버린 것을 소중히 하는 일과도 같아요. 상실감마저 소중히 여길 때 삶 자체를 소중히 할 수 있습니다. 그리고 그때 당신은 다시 살기 시작할 거예요.

돌봄은 아픈 사람의 고유함을 아는 것

앞에 나온 내용을 보면 질병 경험에 순서가 있는 것처럼 보일 수 있다. 처음에는 통증, 그다음엔 상실 등으로 말이다. 글쓰기는 순서라는 환상을 만들어내지만 삶에서 경험들은 서로 겹친다. 그리고 이보다 더 중요한 점은, 내게 일어난 일은 오직 나만의 경험이라는 것이다. 한 사람의 이야기를 자세히 말하는 일의 가치는 우리 각자가 얼마나 독특한지 보여주는 데 있다. 내 질병 경험을 몇몇 단계로 일반화하고 싶지는 않다. 경험 간의 차이를 인식할 때만 우리는 서로를 존중하고 서로에게 제대로 마음 쓸 수 있다.

심장마비와 암을 겪으면서 나는 질병이 서로 얼마나 다를 수 있는지 알았다. 첫 번째 차이는 두려움의 내용이다. 심장 문제를 겪으면서는 갑작스러운 죽음이 두려웠다. 그렇지만 적어도 상상 속에서 나는 '젊은 나이에 세상을 떠난 운동선수' 같은 제목이 붙은 시처럼 죽을 것이었다. 한창 꽃이 폈을 때 떠나는 거지. 서른아홉은 그다지 젊은 나이가 아니고 나도 운동선수라고 할 수는 없었지만, 시적 허용을 약간 사용해서 내 죽음을 상상해보았다.

반면 암이 있는 사람들은 대부분 갑작스러운 죽음을 두려워하지는 않는다. 잠자리에 들며 아침에 깨어나지 못할까 봐 걱정한 적은 없다. 암 환자에게 문제는 깨어나는 일이 아니라 깨어난 다음 마주해야 하는 것들이다. 두려웠던 것은 죽음이라기보다는 서서히 죽어가는 것, 부패해가는 것, 끝없이 고통받는 것, 몸에서 악취 나는 체액이 뿜어 나오는 것이었다. 이후에 나는 암으로 죽어가는 사람을 많이 만나봤고, 그래서 암 환자가 죽어가는 과정이 내가 두려워했던 만큼 무시무시하지 않다는 사실을 안다. 사람들은 흔히 암의 공포를 끔찍하게 과장해서 상상하지만 매일 쌓여가는 일상적인 불편은 과소평가한다. 나 또한 그런 식으로 상상했다. 하지만 심장마비가 사람을 한 방에 날려 보낸다면 암은 조금씩 갉아먹는다.

두려움은 사람마다 전부 다르다. 무엇을 두려워하는지 그 차이는 개인의 질병 경험의 일부다. 그리고 잘 돌보기 위해서는 차이를 인식해야 하고, 사람마다 같은 질병을 다르게 경험한다는 것도 알아야 한다. 암에 걸렸다는 사실을 알게 되는 방식도 사람마다 다르며 어떻게 알게 되었느냐에 따라 이후에도 차이가 생긴다. 내 경우엔 통증 때문에 암을 발견했다. 암 진단을 받기 전 어느 날 집에서 출발해 학교로 걸어가던 중이었다. 내가 즐기던 가벼운 산보로, 걸으면 머리가 맑아졌다. 하지만 그날엔 마치 풍선이 흉곽 안에서 커지면서 압박하는 듯한 느낌이 들었다. 몸 안쪽부터 질식하는 것 같았다. 걸음을 멈춰도 압박감이 사라지질 않았다. 학교에 도착했을 때 동료 한 명이 지나가는 모습을 봤지만 말을 걸 수가 없었다. 말 비슷한 것을 아예 할 수가 없었다.

이 경험을 했기 때문에 이후의 병원 진단과 치료에 내 나름대로 준비가 되었던 것 같다. 내 몸의 이상을 암이라 부르기 전에 이미 몸 상태가 얼마나 안 좋은지 느껴봤기 때문이다. 질식하는 듯했던 그 고통스러운 경험을 다시 하고 싶지는 않지만, 그래도 경험하길 잘했다고 생각한다. 그날의 통증은 내 몸에 일어나고 있던 일을 실재하는 것으로 만들어줬다. 반면 나와는 달리 어떤 사람들은 미처 몸으로 경험하기 전에 암이 있다는 진단을 먼저 받고, 그래서 이들이 아는 암은 추상적인 관념에 가깝다.

장모님이 암 진단을 받고 6년쯤 지났을 때 자신은 암 자체에서 고통받은 적은 한 번도 없다는 말을 한 적이 있다. 치료 때문에 고통스러워했지만, 치료가 성공적이었기에 자신의 몸에 암이라는 병이 어떤 영향을 미치는지는 알고 있지 못했던 것이다. 장모님은 언젠가 연필을 주우려고 허리를 굽히다가 몸이 눌리면서 날카로운 통증을 느꼈는데, 그것이 종양을 느낀 것인지도 모른다고 의사가 말했을 때 겁이 나는 동시에 짜릿했다고 한다. 의사들이 치료하던 질환을 자신이 실제로 경험한 것은 그때가 처음이었던 것이다. 장모님이 더 많이 고통을 겪지 않아서 감사하게 생각하지만, 한편으로 장모님에게 암이란 거의 추상적인 관념이 아니었나 한다. 암은 의사들의 이야기 속에 존재하는 무엇이었고, 치료는 의사들이 자기 몸에 하는 무엇이었다. 거의 끝에 이를 때까지 장모님은 자신의 몸 안에서 질환을 느끼지 못했다. 그래서 질병을 겪기가 더 어렵지 않았을까 하는 생각이 들기도 한다. 하지만 한 사람이 다른 사람의 경험을 판단할 수는 없다. 내가 말할 수 있는 것은, 사람들은 자기 질병을 각자 아주 다른 방식으로 알게 된다는 것뿐이다.

장모님의 친구분 한 명은 의사의 말에 장모님이 분개했던

일을 기억하고 있었다. "암이 몸을 다 망치고 있네요"라는 말
이었다. 장모님에겐 너무도 충격적인 말이었지만 나였다면
맞는 말이라고 여겼을 것이다. 몸 안에서 벌어지고 있는 일
과는 상관없이 장모님이 느끼던 전부는 가슴에 생긴 자그마
한 혹뿐이었다. 반면 내 몸은 끔찍한 무언가가 **정말로** 몸을
다 망치고 있다고 말하고 있었다. 그 의사의 말은 내게는 적
절한 표현이었다. 나는 걷기조차 힘들었는데도 주치의는 그
저 달리기를 하지 말라면서 비뇨기과 의사와 몇 달 후에 있을
약속을 잡아줬다. 그런 시기에 내 느낌처럼 정말로 문제가
있다고 인정해주는 다른 의사들을 만나자 안심이 됐다.

　스포츠의학 전문의와 초음파검사를 한 의사가 마침내 내
가 얼마나 아픈지 확진을 내렸을 때, 두 의사의 태도에는 근
본적인 차이가 있었다. 한 사람은 내게 힘을 주고 돕고자 했
고 다른 사람은 아니었다. 두 사람의 진단은 거의 같았지만,
스포츠의학 의사는 내게 상황을 전해주면서 자신도 그 상황
안에 함께 있었던 반면 초음파검사 의사는 평결을 내리듯 진
단을 선고했다. 차이들은 증식한다. 똑같은 메시지라고 해도
환자마다 다른 의미로 받아들이기도 하고, 어떻게 전달되느
냐에 따라 똑같은 내용이 두 개의 다른 메시지가 되기도 한
다.

차이가 인식되어야 돌봄이 가능하다. '암 환자에게 해주기 적당한 말' 같은 것은 없다. '암 환자'는 포괄적인 실체로 존재하지 않기 때문이다. 각 사람은 다른 시작 지점을 갖고 각자의 질환에서 비롯되는 사건들을 따라가면서 다른 경험을 할 뿐이다. 의학이 환자를 분류하는 데 사용하는 일반적인 진단 범주는 질환에 쓰이는 것이지 질병에는 들어맞지 않는다. 이런 범주는 치료에는 유용하지만 돌봄에는 방해가 된다.

아픈 사람을 상대해야 하는 사람들은 대부분 차이와 독특함을 인식하고 싶어 하지 않는다. 구별하는 데는 시간이 들기 때문이다. 차이를 파악하려면 아픈 사람과 맺는 관계 속으로 더 깊게 들어가야 한다. 반면 일반론은 시간을 아껴준다. 사람들을 범주 안에 집어넣으면 효율적이며, 범주 개수가 적을수록 더 효율적이다. 모두에게 다 맞는 '원 사이즈'의 옷처럼, 같은 범주에는 같은 치료법을 쓰면 되기 때문이다. 하지만 치료는 돌봄과 똑같지 않다. 치료 제공자들은 효율성과 돌봄 사이에 균형을 찾으려 애쓰기보다는 환자에게 마음쓰고 있다는 환상을 만들어내어 책임을 모면한다. 이 환상은 '단계 이론' 같은 것에 기반을 둘 때가 많다. 이런 이론에 나오는 핵심 용어들은 환자의 심리 상태를 기술하면서 환자가 앞으로 어떤 행동을 하게 될지 치료 제공자에게 알려준다.

가장 유명한 단계 이론은 엘리자베스 퀴블러-로스의 이론으로, 죽음을 앞둔 사람이 겪는 경험을 설명한다. 이 이론에 따르면 죽어가는 사람은 부정, 분노, 타협, 우울, 수용이라는 단계를 거쳐간다. 퀴블러-로스의 원래 의도는 아니었을 거라고 생각하지만, 이 이론은 사람들이 경험을 터놓고 이야기하는 데 도움을 주기보다는 경험을 분류하는 데 사용된다. 이 이론에 나오는 용어들은 개인의 질병 경험에서 어떤 점이 특별한지 보게 하는 대신, 사람들이 거리를 둔 채 "예상대로 환자분은 지금 분노를 겪고 있습니다"라고 말할 수 있게 한다. 또 아픈 사람이 왜 분노하는지 묻는 대신 분노를 '그저 지나가는 단계'로 여기게 한다. 그리고 이미 예상한 대로이기 때문에 사람들은 아픈 사람의 분노를 '모두들 겪는 무엇'으로 일축할 수 있다.

어떤 경험을 진짜로 만드는 것은 경험의 특수하고 세세한 부분들이다. 한 사람의 분노나 슬픔은 다른 사람의 분노나 슬픔과는 너무도 달라서, 이 감정들을 같은 이름으로 부르면 각 사람에게 실제로 일어나고 있는 일이 오히려 덮인다. '분노'든 '슬픔'이든, 아니면 다른 어떤 말이든 이 단어들은 한 사람의 경험을 알려주기보다는 가린다. 이런 식의 이론이 인기를 끄는 현상은 놀랍지 않다. 실제 경험은 수없이 많은 모습으로 나타나며 각기 다른 결을 갖지만, 이와 같은 단어를 사용하는 사람들은 누군가의 산 경험에 자신이 연결되지 않고도 그 경험을 이해할 수 있다고 생각한다. 나아가 이해하고 있다는 이러한 환상 속으로 다른 사람들을 끌어오기까지 한다.

돌봄을 제공하는 사람에게 단계 이론은 대단한 가치가 없을지도 모르지만, 아픈 사람에게는 귀중할 수 있다. 다른 사람도 자신과 같은 경험을 한다는 사실을 알게 되는 일은 아픈 사람에게 의미 깊다. 나는 암 진단을 받고 두려움에 떨었지만, 생명을 위협하는 질환이 있다는 진단을 받았을 때 공포가 '정상적'인 반응이라는 것을 알자 위안이 됐다. 혼란스럽고 우울했을 때도 내가 미쳐가고 있는 것이 아님을 알았다. 이 역시 정상적인 반응이라고 했기 때문이다. 다른 사람들도 같은 경험을 한다는 사실을 알고 나면 내가 겪는 공포, 혼란, 우울함이 특별하다는 느낌, 또 나만의 것이라는 느낌이 덜해졌다. 하지만 돌봄 제공자의 입장은 다르다. 돌보는 사람은 아픈 사람이 느끼는 공포가 전부 **그만의 것**이며, 어떤 '단계'가 아니라는 점을 기억해야 한다. '공포 단계를 지나고 있을 뿐'이라는 식으로 다루어지는 것은 아마 아픈 사람이 가장 원치 않는 일일 것이다. 다른 사람들도 똑같이 겪는 일임을 알 때 개인이 느끼는 공포는 줄어들지만, 예상되는 단계라는 이유로 공포가 폄하되어서는 안 된다. 공포가 정상적인 반응이라는 사실을 안다고 해도 한 번 일어난 감정이 쉽게 가라앉지는 않는다.

위중한 병이 있다는 진단을 받은 후 아픈 사람이 필요로 하는 도움은 지구 상의 인간들이 모두 다른 만큼이나 각기 다르다. 주위에 가족들이 모여 있길 원하는 사람도 있고, 혼자 있고 싶어 하는 사람도 있다. 즉각 의학의 도움을 받길 바라는 사람도 있고, 어떻게 치료받을지 시간을 두고 결정하고 싶어 하는 사람도 있다. 어떤 환자의 경우는 치료를 서두르는 것이 의사로서 돕는 일이고, 또 다른 환자의 경우는 의사가 뒤로 물러나 있는 게 돕는 일일 때도 있다. 돌봄 제공자에게는 아픈 사람이 자기 필요를 표현할 방법을 찾도록 지원하는 기술이 있어야 한다. 결국엔 아픈 사람이 필요로 하는 것과 돌봄 제공자가 줄 수 있는 것 사이에 균형을 맞춰야 하는데, 그러기 위해서는 아픈 사람에게 무엇이 필요한지 스스로 알아내도록 돌봄 제공자가 도와야 한다. 돌봄 제공자가 전문가든 가족이든 친구든 마찬가지다. 그래야만 돌보는 사람이 줄 준비가 되어 있는 것과 아픈 사람이 필요로 하는 것을 절충할 수 있다.

아픈 사람이 자신에게 무엇이 필요한지 아는 데는 시간이 걸린다. 돌봄 제공자가 "무엇이 필요하세요?"라고 묻는다고 해서 답이 나오지는 않으며, 일관된 답을 기대하기도 어렵다. 진단받은 지 얼마 안 된 사람의 삶은 이미 스스로 이해할 수 있는 정도 이상으로 여러 면에서 바뀌었고, 위중한 질병을 앓는 동안 변화는 계속된다. 그리고 변화가 계속된다는 점이 '위중함'의 일부이기도 해서, 심하게 아픈 사람은 변해가는 자기 자신의 필요조차 따라잡기 힘들어한다. 아픈 사람은 분명 무언가가 필요하지만 자신에게 무엇이 필요한지 모른다. 환자가 자신에게 필요하다고 정확히 알고 있는 것은 어쩌면 전부 다 실수였다는 말, 이것 하나일지도 모른다. 환자분 검사 결과에 이름이 잘못 붙어 있었네요. 오, 전 괜찮습니다, 정말로요.

암이 거의 확실하다는 결과가 나온 초음파검사를 받은 날, 우리 과 박사과정 학생의 논문 외부 심사자로 초빙받은 교수가 오기로 되어 있었다. 아내와 나는 이 교수와 저녁을 함께하기로 약속을 잡아뒀다. 초음파검사 후 우리 부부는 함께 시간을 갖고 여러 감정을 나누어보았다. 우리 둘 다 두려워한 일이 이제 현실이 되었음을 인정했고, 너무나 굼뜬 의료체계를 같이 욕했으며, 새로 진료를 맡게 될 의사를 낙관하려 애썼다. 또 앞으로도 계속 서로 사랑할 것임을 확인했다. 그러고 나서 우리는 저녁 식사를 하러 나갔다. 식사 자리에 서 암 이야기는 전혀 하지 않았다.

그날 밤, 손님과 함께 있으면서 잠시 현실을 부정할 수 있 었다. 캐시와 내게 필요한 일이었다. 함께 외출해 시간을 보 내며 잠깐이지만 암을 한구석에 밀어뒀고, 그러면서 우리가 여전히 기분 좋은 저녁을 보낼 수 있으며 또 암이 있다고 해 도 삶은 계속될 것임을 깨달았다. 우리 계획대로 일이 일어 나게 할 수는 없었지만 이미 일어난 일을 우리의 필요에 맞출 수는 있었다. 어쩌면 아픈 사람은 자신에게 무엇이 필요한지 아예 말로 표현하려 애쓰지 말아야 하는지도 모른다. 필요를 발견할 때까지 아픈 사람은 자신을 그저 놔두고 주위 사람들 은 아픈 사람에게 시간과 공간을 주는 것, 이것이 우리가 할 수 있는 전부가 아닌가 한다.

나는 '돌봄 제공자caregiver'라는 이름을, 아픈 사람의 말을 듣고자 하며 아픈 사람 개개인의 경험에 응답하고자 하는 사 람에 한정해서 쓰려고 한다. 돌봄은 분류하기 위한 범주와는 전혀 상관이 없다. 제대로 된 돌봄은 아픈 사람의 경험에서 다른 점이나 특별한 점을 인식하며, 그래서 돌봄을 받는 사 람은 자기 삶이 귀중히 여겨진다고 느낀다. 우리에게 사람들을 분류할 권리는 없지만 특권이 하나 있다. 바로 각자가 얼마나 고유한지 이해하는 특권이다. 돌봄 제공자가 이 고유함에 마음 쓰고 있다는 사실을 아픈 사람에게 어떻게든 전할 때 아픈 사람의 삶은 의미 있어진다. 나아가 아픈 사람의 인생 이야기가 돌보는 사람의 인생 이야기를 이루는 한 부분이 되면서 돌보는 사람의 삶도 의미 있어진다. 돌봄은 상대방을 이해하는 일에서 분리할 수 없으며, 이해가 쌍방향으로 일어나야 하듯 돌봄도 대칭을 이뤄야 한다. 다른 사람의 이야기를 들으며 우리는 나 자신의 이야기를 듣고, 다른 사람을 돌보며 우리는 자신 또한 돌본다. 그렇지 않다면 소진되거나 좌절하고 말 것이다.

의료인 대부분에게는 돌보는 사람이 될 시간이 없다. 또 그럴 의향이 없는 사람도 많다. 의료진은 치료를 제공하며 치료 제공은 돌봄 제공만큼이나 중요하지만, 둘은 아주 다르다. 아픈 사람을 저버리지 않고 곁에 남는 가족조차 돌보는 사람이기보다는 서비스 공급자가 될 때가 너무도 많다.

돌보는 사람이 마주하는 질병 경험은 순서대로 진행되지 않는다. 질병 경험이란 오히려 공포, 불확실함, 두려움, 부정, 혼란을 뒤섞은 다음, 여기에 '거래하기'를 급히 첨가한 잡탕 같은 것이다. 캐시는 내가 어떤 진단 가능성이나 치료 가능

성을 다른 가능성과 저울질해보고 혼자 거래하면서 중얼거
리는 소리를 며칠이고 들어야 했다. "그걸 하지 않아도 된다
면 이걸 해도 괜찮겠어." 시간이 좀 지난 후에야 아픈 사람은
사실 거래할 거리도 없으며 거래할 상대도 없음을 깨닫는다.
또 외로움도 찾아오고, 그다음엔 자신이 누구고 자기 인생에
어떤 가치가 있는지 의심이 찾아오고, 우울과 뒤섞인 희망
이, 다른 사람들과 닿아 있고 싶다는 욕망과 뒤섞인 분노가,
자기 일을 스스로 해내고 싶은 마음과 뒤섞인 의존 상태가 찾
아온다.

앞에서 말한 내용은 어느 아픈 사람 한 명이 느꼈던 감정의
'잡탕'을 보여줄 뿐이지만, 그래도 내 요점을 다시 확인해준
다. 바로 경험을 몇몇 범주로 나누는 말들이 전부 무의미하
다는 것이다. 고통이나 상실 같은 용어는 이 말이 아픈 사람
자신의 경험으로 채워질 때까지는 실체가 없다. 아픈 사람의
경험에서 고유함을 목격하고 차이를 전부 인식하는 것, 이것
이 바로 돌봄이다.

의학의 식민지가 된 몸에서 경이를 발견하다

태어난 이래 의사들의 손에 가끔 몸을 맡기곤 했지만, 의사들의 손에 목숨을 맡기고 있다고 느낀 적은 크게 아프기 전엔 없었다. 하지만 질병이 생명을 위협하자 의사들은 갑자기 아주 중요해졌다. 그 전에는 의사에게 큰 기대도 없었고 의사의 단점에 대단히 예민하지도 않았다. 의학이 어떻게 몸을 치료하느냐는 질병 이야기에서 매우 중요한 부분이지만, 절대 이야기의 반 이상을 차지하지는 않는다. 나머지 반은 몸 자체다. 질병이 생명을 위협하자 내 몸도 갑자기 아주 중요해졌다. 그 전에는 몸의 단점에 그렇게 예민하지 않았고, 몸에 얼마만큼 기대할 수 있는지도 몰랐다. 이 두 이야기, 즉 몸을 자신의 영토로 취하는 의학의 이야기와 몸 자체에 경이로워하는 법을 배우는 이야기는 같이 나올 수밖에 없다. 질병은 두 이야기 모두이기 때문이다.

초음파검사 후 의사가 말했다. "이건 조사가 있어야겠네요." 이 말을 들었을 때 안심이 되었지만 한편 불쾌하기도 했다. 안심이 됐던 이유는, 내게 일어나고 있는 일을 걱정해야 하는 무거운 짐을 다른 누군가가 일부나마 맡아주었기 때문이다. 동시에 의사의 표현이 불쾌하기도 했다. 그 말은 내 몸을 의학의 조사 대상으로 만들었고, '나'는 의학의 '이것'이 됐다. 의사는 "환자분 몸에 무슨 이상이 있는지 우리가 알아내 보겠습니다" 정도로도 말하지 않았다. 그랬다면 이 말은 실제 사람들로 이루어진 한 팀('우리')이 다른 사람('환자분')에게 하는 말이었을 것이다. 하지만 "이건 조사가 있어야겠네요"라는 말은 나를 향한 말이 전혀 아니었다. 의사는 그냥 혼잣말을 하면서 환자인 내가 엿듣게 내버려둔다는 식으로 말했다.

"이건 조사가 있어야겠네요"라는 말은 의사들이 조사를 할 것이라고 가정하지만, 의사들도 문장 밖에 익명으로 남는다. "있어야겠네요"라는 표현은 조사를 필요로 하는 주체가 조사인 것처럼 들린다. 의사는 왜 이런 식으로 말해야 했을까? 내게 잘못된 진단을 내렸던 의사처럼 조사 과정에서 실수를 저질렀을 때 의사 개인에겐 책임이 없도록 하기 위해서가 아닐까. 실수는 어떤 과정의 일부일 뿐이고 '있어야 하는' 것 중 하나일 뿐이다. 어쩌면 불확실성 때문만이 아니라 두려움 때문에 그렇게 말했을지도 모른다. 불확실성과 두려움을 마주했을 때 그 의사는 자신과 다른 의사들을 익명으로 만드는 것으로 대응했다. 그리고 나도 똑같이 익명이 되어야 했다.

나, 내 몸은 '필요한 조사'를 받는 수동적인 대상이 되었다. 유럽 탐험가들이 해안에 도착해서는 깃발을 꽂고, 야만인들에게 문명을 가져다줄 자신들의 군주를 대신해 이제 그곳이 자기네 땅이라고 선언했을 때 원주민들이 느꼈을 기분이 상상이 갔다. 의학의 도움을 받기 위해선 내 몸이라는 영토를 아직은 익명이었던 어떤 의사들이 조사하도록 양도해야 했다. 나는 식민지가 되어야 했다.

조사를 하려면 병원에 입원해야 했다. 체액을 뽑았고, 전문가들의 의견이 쌓여갔고, 기계들은 몸 내부의 이미지를 뱉어냈지만 확실한 진단은 여전히 나오지 않았다. 어느 날 병실로 돌아왔을 때 문에 적힌 내 이름 아래에 새로운 표지가 붙어 있었다. '림프종'이라고 쓰여 있었다. 당시 의사들이 내게 있지 않나 의심하고 있던 종류의 암이었다. 나중에 잘못된 진단으로 판명되긴 했지만, 어쨌든 당시에 내게 이 진단명이 확정되었다고 말해준 사람은 없었다. 자기 사무실 문에 다른 사람 이름이 붙어 있는 것을 보고 자신이 해고되었다는 사실을 알게 되는 사람이 나오는 농담이 있는데, 마치 이 농담 같았다. 내 경우에는 이름이 바뀐 것이 아니라 '림프종'이라는 이름이 붙었다는 점이 다르지만 말이다. 이 단어는 의학이 내 몸을 자기 영토로 주장하기 위해 꽂아놓은 깃발이었다.

갈수록 더 식민지가 되는 기분이 들었다. 화학요법 치료 중에 한 간호사가 아내와 이야기를 하다가 나를 '53호(내 병실 번호) 정상피종* 환자'라고 칭했다. 그때쯤엔 정확한 진단이 나왔던 것이지만, 이 진단명은 내 이름을 완전히 밀어냈다. 병원에서 만든 진단명이 내 정체성을 규정한 것이다. 나는 정상피종이라는 질환이 되었다. 처음에는 조사받는 수동적인 대상이 되었다가, 나중에는 치료받는 수동적인 대상이 되었다. 이렇게 이름도 잃어버린 내가 경험하는 주체가 되기란 쉽지 않았다.

---

* 精上皮腫. 고환암의 한 유형.

아픈 사람은 자기 몸에서 어떤 일이 일어나고 있는지 이해하고자 적극적으로 노력한다. 자기 몸에서 일어나고 있는 일과 자기 인생에서 일어나고 있는 일, 둘 모두에 잘 대처하려 애쓴다. 하지만 환자가 되어 의사들이 몸을 접수하면 의사들은 그 몸을 환자의 삶에서 분리해서 이해한다. 예를 들어 의학이 이해하는 통증은 아픈 사람의 경험과는 거의 관계가 없다. 통증을 겪는 사람은 모든 것이 조각나고 뒤죽박죽되고 있다고 느낀다. 주변 사람들과의 관계는 어려워지고 일도 하기 힘들다. 자기가 있을 자리가 어디인지 감각이 희미해지기 때문에 다시 제자리를 찾기 위해 애써야 한다. 반면 의학은 통증이 삶에서 갖는 의미에는 전혀 관심이 없다. 통증은 질환의 증상일 뿐이다. 의학은 아픈 사람의 통증 경험 안으로 들어오지 못하며 치료법이나 관리법에만 관심을 둔다. 의학은 분명 몸에서 통증을 줄여주지만, 그러면서 몸을 식민지로 삼는다. 이것이 바로 우리가 의학의 도움을 구하면서 맺는 거래 조건이다.

치료 경과가 좋을 때는 수동적인 환자로 있을 만한 가치가 있다. 병이 난다면 나는 환자가 되고 싶다. 의사를 피하는 것은 위험하다. 하지만 질병이라는 드라마에서 의사들이 무대 중앙을 독차지하게 내버려두는 것도 위험하다. 의사를 거부하면 당장 몸이 위험해질 것이고, 의사들이 드라마를 차지하도록 둔다면 그들은 질환이 이야기의 전부가 되도록 각본을 쓸 것이다. 앞에서 언급한 의사는 "이건 조사가 있어야겠네요"라고 말함으로써 자신이 무대 중앙을 차지하고 이후 이어질 드라마의 각본을 짰다. 내 몸 안에 존재하는 한 인간은 그저 수동적으로 관람만 하도록 객석으로 보내졌다.

내가 환자로서 의료진에게 원한 것은 무엇이었을까? 친구가 되길 기대하지는 않았다. 입원해 있는 동안 많은 전문의와 스치듯 짧게만 만났고, 간호사들은 교대 시간에 따라 너무도 신속하게 번갈아가며 나타나는 것처럼 보였기 때문에 관례적인 인사말 이상의 대화가 자연스럽게 이어지기는 어려웠다. 환자와 의료진의 관계는 다른 관계와는 달리 특이하다. 사적인 문제를 논의하지만 그렇다고 서로 가까워지지는 않는다. 치료 공급자인 의료진은 내 사적인 관심사를 일반적인 질환 범주와 치료의 진전이라는 맥락에서만 보았다.

의사나 간호사 등 의료진과 환자 사이의 관계가 친밀할 수도 있다. 하지만 가까운 친구가 되는 경우는 드물다. 정말로 친밀한 관계에 있는 사람들은 함께 시간을 보내고 개인사를 공유하며 서로 어떤 면이 다른지 알아간다. 그러나 의료 환경에 존재하는 친밀한 관계는 사실 한쪽으로 치우쳐 있다.

양편이 서로를 알아가는 관계라기보다는 한편이 상대방을 분류하는 관계인 것이다. 환자의 삶과 몸은 의료진에게는 펼쳐져 있는 책이라든지 도표와 같다. 의사나 간호사들이 자기 경험을 환자와 나눌 때도 있지만 내 기억에서 이런 순간은 예외적이다. 더 중요한 점은, 의사와 간호사들은 자신의 어떤 부분을 환자에게 이야기해줄지 선택할 수 있다는 것, 그리고 이야기하느냐 마느냐까지도 정할 수 있다는 것이다. 의료진과 환자의 관계는 분명 동등하지 않다. 특히 의료진에게는 그저 매일같이 겪는 순간이 환자의 삶에서는 중대한 순간일 때 이 비대칭성은 더욱 뚜렷하다. 이런 때 의료진이 환자만큼 강렬한 감정을 느끼긴 어렵겠지만, 그렇다고 자신들이 직업인으로서 유지하는 침착함을 환자도 똑같이 보여주길 기대해서는 안 된다.

의사와 간호사들이 환자에게 감정을 보이고 친밀하게 대하길 바란다기보다는 그들이 인정하길 바란다. 질병은 사소한 일이 아니다. 과거의 내가 힘든 경험을 통과하며 배운 소중한 사실이다. 이 과거의 나는 말해주었다. 암을 앓는다는 건 전혀 사소한 일이 아닙니다. 아프다는 사실을 알게 되는 것, 질병을 겪고 죽음을 무릅쓰는 것, 거의 죽어가다가 삶으로 다시 돌아와 자신이 언젠가는 죽을 수밖에 없는 인간임을 아는 채로 삶을 다시 시작하는 것 모두, 사소한 일이 아닙니다. 처음엔 병 때문에 몸이 변하고, 다음엔 병을 낫게 하려고 받는 수술과 화학요법 때문에 몸이 변하는 것 또한 사소한 일이 아닙니다. 심각한 질병은 여행자를 인간 경험의 가장자리로 데려간다. 한 발짝만 더 내디뎌도 아픈 사람은 돌아오지 못할 수 있다. 나는 이 여행이 인정받길 원한다.

몹시 아프게 되면, 아무리 업무에 치인 의사들이라도 내가 살아내고 있다는 사실을 인정해줄 것이라고 늘 생각했다. 어떤 방식으로 이루어질지는 모르지만 어떻게든 인정하는 모습을 보여줄 줄 알았다. 하지만 실제 경험은 오히려 반대였다. 더 안 좋은 진단이 나올수록 의사들은 내게 말 걸기를 꺼렸고 눈을 피했다. 의사들 대부분은 오로지 질환만을 보기 위해 병실에 들렀다. 내 몸은 의사들의 조사 대상이었지만, '나'는 그들의 관심이 미치는 영역 너머에 있는 것 같았다.

의료인들은 종종 자신이 환자 개인의 삶에 마음을 쓴다고 믿는다. 병원에 입원했을 때 신체검사를 한 전공의는 "이제 '사회적 이력'으로 넘어가보겠습니다"라고 말했다. 캐시와 나는 병원에서 중요하게 여기는 사회적 이력이 과연 무엇일지 궁금했다. 전공의는 내 직업이 뭐냐고 물었다. 대답한 다음 다른 질문을 기다렸지만 그는 차트를 덮었다. 그게 전부고, 끝이었다. 캐시와 나는 신경이 쓰였다. 의사가 무언가를 알아냈을 거라는 환상을 품고 있었기 때문이다. 그 의사는 진지한 태도로 나의 사회적 이력을 조사했으며 무언가 알아낸 것처럼 보였다. 질문이 하나밖에 없다는 점이 뭔가 앞뒤가 맞지 않았지만 의사는 전혀 그렇게 느끼지 않는 듯했다. 그는 분류하는 범주 하나, 직업이라는 범주 하나를 채우고는 나를 '사회적' 존재로 인정한다는 자신만의 환상 안에 남았다.

인정받지 못한다는 불쾌감을 가장 심하게 경험한 때는 수술 전날이었다. 마취과 의사가 들렀는데, 그는 나를 쳐다보지도 않았으며 수술 계획 일부를 잘못 알고 있기까지 했다. 의사가 병실을 나갈 때 나는 생각해낼 수 있는 최악의 일을 했다. 악수를 청한 것이다. 내민 손을 거절하면 눈앞에서 모욕하는 것이나 마찬가지지만, 손을 잡고 흔든다면 상대방을 동등한 인간으로 인정한다는 뜻이다. 마취과 의사의 손이 내 손을 살짝 쓸었을 때 그는 눈에 보일 정도로 떨고 있었고, 나는 불편해하는 의사의 모습을 고소해했다. 하지만 내가 한 일은 당시 정말로 원한 일에 비하면 상징적일 뿐이었다. 나는 다음 날 받을 수술이, 또 수술받는 이유인 내 질환이 절대 사소하지 않다고 의사가 인정하길 원했다.

어떤 종류의 인정을 원하느냐는 질병이 진행되며 변해갔

다. 병명이 무엇인지 알아보는 동안에는 내게 병이 있다는 사실 자체를 의사들에게서 인정받기 위해 분투하고 있다는 느낌이 들었고, 질병의 무대 위에 의사들을 올려놓은 후에는 이 드라마를 의사들의 것이 아니라 내 것으로 지켜야 했다. 질병이라는 드라마에서 능동적인 역할은 모두 의사들에게 돌아간다. 환자a patient가 되려면 말 그대로 인내해야patient 한다. 병원에서 보내는 일상은 의사를 기다리면서 흘러간다. 병원은 의사가 최대한 많은 숫자의 환자를 볼 수 있도록 조직되어 있고, 이는 환자들이 최대한 오래 기다려야 한다는 뜻이다. 환자는 인내심을 가져야 한다. 의사는 오늘 아침에 올 수도 있고, 아니면 오늘 오후에 올 수도 있다. 의사가 올 때까지 치료와 관련된 결정들은 미뤄진다. 간호사와 수련의들은 일이 어떻게 진행되고 있는지 모른다. 희망, 공포, 의심이 쌓여간다.

마침내 의사가 도착하면 그는 무대 중앙을 차지한다. 여자 의사들도 있지만 '그'라고 쓴 이유는, 이 '공연'이 너무도 전형적으로 남자답게 수행되기 때문이다. 환자는 의사의 짤막한 말에 매달리고, 의사가 몸 어디를 살펴보느냐 혹은 살펴보지 않느냐에 집착한다. 의사가 나가고 나면 환자는 의사가 한 행동과 말 전부를 문병객들에게 다시 전한 다음 모두 같이 거듭 생각하고 해석해본다. 환자는 의사가 한 농담에 무슨 의미가 있는 것은 아닌가, 얼굴은 왜 찌푸렸나 궁금해한다. 병원에서 환자는 아는 게 없다는 듯 다루어지지만, 의사는 모든 것을 알 뿐만 아니라 말하는 것 이상으로 알고 있다고 가정된다.

환자가 되면서, 다르게 표현하자면 의학의 식민지가 되고 자기 드라마에서 관객이 되면서 아픈 사람은 자신을 잃는다. 몸의 느낌보다도 검사 결과에 따라서 기분이 오락가락하는 것이 그 시작일 수 있다. 그다음에 치료를 서둘다 보면 선택하는 능력, 즉 자기 몸을 어떻게 사용할지 결정하는 능력을 잃기 쉽다. 그리고 결국에는 단조로운 병원 환경 안에서, 병원의 규칙적인 일상과 규율 안에서 자신이 예전에 좋아하고 즐기던 것들을 잊을 수 있다. 삶은 잿빛으로 변한다. 의사들에게서 치료를 받다 보면 그들의 권력에 종속되기 쉽다. 그러나 의사들의 권력이 실재한다고 해도 절대적이지는 않다. 균열 사이에서 우리는 자신이 있을 자리를 찾아낼 수 있다.

의학이 아픈 사람의 몸을 식민지로 삼는 때라도 자신을 지켜가는 일은 아픈 사람 본인과 주변 사람 모두에게 여전히 중요하다. 질환을 한 사람의 정체성과 삶의 나머지 부분에서 떼어낼 수는 없다. 나는 남편이자 아버지고 교수며 또 그 밖의 여러 면을 가진 사람이고, 질환은 바로 이 모든 면으로 이루어진 내 삶을 바꿨다. 나는 의존하는 법을 배워야 했다. 아프게 된 후엔 현실적인 문제를 다루는 데 미덥지 않은 사람이 되었고, 감정 문제에서도 미덥지 않을 때가 많았으며, 전에는 별것 아니었던 일들을 할 수 없었다. 계속 변해가는 자신을 계속 다시 발견하는 일은 결코 사소하지 않았다.

치료가 끝난다고 질병과 함께 시작된 변화가 끝나지는 않는다. 위중한 질병을 앓고 난 후 삶은 예전에 있던 장소로 돌아가지 않는다. 의사들이 질병의 드라마를 독차지하도록 내버려두면 위험할 수 있다. 의사들은 자신들이 만족할 만큼 질환이 낫거나 할 수 있는 일을 다 해본 후에 바로 떠나며, 그러면 아픈 사람과 주변인들은 그때까지는 인정하지 않고 내버려두었던 일들을 알아서 감당해야 한다. 아픈 사람이 세상을 떠날 경우, 남은 사람들은 이야기되지 않았던 모든 일을 감당해야 한다. 죽음이 관리의 문제지 연속하는 경험의 일부로 사고되지 않는 환경 안에서 한 삶이 끝났을 때 여전히 끝나지 않은 채로 남는 문제들이 있으며, 이 모두를 남은 사람들이 감당해야 한다는 것이다. 아팠다가 회복한 사람은 질환에서 회복해야 할 뿐 아니라 환자라는 위치에서도 돌아와야 한다. 만일 환자 안에 존재하는 한 인간이 아팠다가 회복하는 동안 내내 인정된다면 회복은 훨씬 더 순조로울 것이다.

치료가 전부인 환경 속에서, 자신을 질병을 겪고 있는 한 인간으로 보려 애쓰면서 내 몸을 내 영토로 되찾는 일은 절대 쉽지 않았다.

몸을 자기 영토로 주장할 수 있는 의학의 권위는 어디서 나오는 것일까? 사회 안에서 살아가며 우리는 매일같이 몸은 통제될 수 있으며 통제되어야 한다는 메시지를 받는다. 약 광고, 미용 관련 기사, 다이어트 책, 건강 증진을 목적으로 하는 연구들은 모두 몸을 통제한다는 이상을 바탕에 깔고 있다. 통제는 예절이며 도덕적 의무이기도 해서, 통제에 실패하면 사회적으로도 또 도덕적으로도 실패하는 것이다. 하지만 살다 보면 질병이 찾아오고 몸은 통제에서 벗어나게 되어 있다.

사회는 환자 자신이 통제하지 못했기 때문에 몸이 통제할 수 없게 변한 것이라는 관점에서 질환을 본다. 따라서 병에 도덕적 실패라는 의미가 실리게 된다. 나는 아픈 동안 내가 다소 무책임한 사람인 것처럼 느꼈다. 물론 문제는 나나 다른 어떤 아픈 사람이 통제를 '못했다'는 것이 아니다. 몸을 통제한다는 사회의 이상이 애초에 틀렸다는 것이 문제다. 하지만 사회는 이 이상을 포기하기보다는 몸을 통제할 수 있음을 증명하기 위해 의사들을 불러온다. 병자가 하지 못한 통제를 사회를 대신해서 되찾아주는 일, 의사들은 이것이 마땅한 자기 의무라고 여긴다. 통제는, 혹은 최소한 '관리'는 의학이 추구하는 이상이 된다.

암을 앓던 사촌은 내게 편지를 보내 의사와 있었던 일을 이야기해주었다. 의사가 적절하다고 여기는 정도보다 내 사촌이 더 많이 질문하자, 의사는 그녀가 치료를 "통제하려 한다"고 비난했으며 "통제를 맡는" 사람은 자신이라고 잘라 말했다고 한다. 이런 이야기는 드물지 않으며 남성 환자보다는 여성 환자에게 더 자주 일어나는 것으로 보인다. 정말로 해야 할 질문은 누가 통제하느냐가 아니라 통제라는 것이 존재하느냐다. 질병을 겪으며 배운 교훈 하나는, 통제의 주체가 나 자신이든 의사들이든 통제한다는 생각 자체를 버릴 때 더 편하고 만족스러웠다는 것이다. 몸을 통제하고자 하기보다는 몸이 얼마나 경이로운지 인식하길, 나는 의료인과 아픈 사람 모두에게 권하고 싶다.

몸에 경이로워한다는 것은 몸을 믿는다는 뜻이며, 통제의 주체가 몸임을 인정한다는 뜻이다. 이는 몸이 향하고 있는 방향을 바꾸려는 노력을 그만둬야 한다는 말이 아니다. 나는 내 몸이 향하던 방향을 바꾸기 위해 치료를 받으면서 할 수 있는 모든 일을 했으며, 의사들이 해준 모든 일도 높이 평가한다. 경이와 치료는 서로를 보완할 수 있다. 몸을 경이로워할 때 치료도 잘 진행된다. 의료진이든 나 자신이든 누군가가 치료를 통해 몸을 잘 통제했다는 생각은 또 다른 환상이다. 몸이 의학의 개입에 반응했다고 해서 몸이 성공적으로 통제되었다는 뜻은 아니다. 그보다 우리는 '그 몸'이 한 일에 경이로워해야 한다. 여기서 내가 '그 몸'이라는 말을 사용한 이유는 내 의식이 경이로운 그 몸을 창조해내지 않았기 때문이다. 내 몸은 내 정신이 연장된 것이 아니다. 오히려 몸이 연장된 것이 정신이다. 몸이 행하는 경이에서 나는 별로 하는 일이 없다.

경이는 거의 언제나 가능하다. 통제는 그렇지 않다. 아픈 사람이 통제 대신 경이라는 이상에 집중한다면 병에 걸린 몸 안에 살면서도 몸이 느낄 수 있는 즐거움을, 전부는 아닐지라도 되찾을 수 있다. 이는 내가 혼자 생각해낸 것이 아니다. 어느 날 아침 빗속에서 내 몸이 가르쳐줬다.

여전히 외래환자로 검사를 받을 당시 병원까지 걸어 다니곤 했다. 어느 아침엔 신장 기능을 보기 위해 엑스레이검사의 일종인 신우조영술이라는 검사를 받기로 돼 있었는데, 비가 억수같이 쏟아졌다. 양동이로 퍼붓는 듯했다. 게다가 마침 아내가 수업을 하러 차를 가지고 나간 후였다. 제정신인 사람이라면 택시를 불렀겠지만, 나는 암 환자였고 별로 제정신이고 싶지 않았다. 걷고 싶었다. 신우조영술 검사를 위해서는 엄청난 양의 완하제를 먹어서 장을 비워야 했고, 그래서 통증에서 비롯된 수면 문제에 더해 그 전날 밤을 화장실에서 보내느라 잠을 자지 못한 상태였다.

기분이 엉망이었지만 걷기 시작하자 나아졌다. 나는 밖에 나왔고, 움직이고 있었고, 아주 행복했다. 처음엔 발이 젖었고, 다음엔 바지가 젖었고, 그러고는 곧 빗물이 재킷 안쪽에서 떨어지기 시작했다. 하지만 아무래도 좋았다. 일터로 가는 사람들의 세계가, 웅덩이와 풀과 나뭇잎들로 이루어진 세계가 이곳에 있었고, 나는 그 일부가 될 수 있었다. 몸이 젖는 것은 내 문제 중 가장 사소했다. 진짜 문제는 병원에 들어가는 것, 혹은 더 명확히 말하자면 병원에 들어갔다가 다시 나오지 못하는 것이었다. 병원에 계속 있어야 한다는 검사 결과가 나올까 봐 겁이 났다. 지금 걷고 있는 이 세계가 눈앞에서 닫혀버릴까 봐 두려웠다. 아마 오늘은 아니겠지. 결과가 나오고 의사들이 판단을 내리기 전까지는 갇히지 않겠지만 몇 번이나 이렇게 더 걸을 수 있을지는 몰랐다. 그렇기에 더욱,

목적지에 도착한 다음에 할 일들을 생각하는 데 빠져 있고 싶지 않았다. 그날 나는 짧은 여행을 경험했다. 그리고 초록빛으로 차 있던 9월의 어느 날을 그토록 또렷하게 볼 수 있었던 것은 질병 때문임을 깨달았다.

병원에 도착하고 싶지 않았지만 밖에서 계속 빗물 속을 철벅거리며 돌아다닐 수 없다는 것도 알고 있었다. 그 며칠 전 초음파검사를 받은 후 처음으로, 앞으로 생길지 모르는 일들이 떠올라도 마음이 편안했다. 빗속에서 건물 안으로 들어가면서 몸이 나에게 여전히 해줄 수 있는 일이 경이롭다고 느꼈다. 분명 병들어 있는 몸이었지만 그래도 경이로웠다. 그날, 통증을 주는 '그 몸'이 더는 원망스럽지 않았고 오히려 고마웠다. 이런 마음은 어떤 의미에선 살면서 처음이었다. 나는 내 몸을 더는 평가하지 않았고 몸에서 강인함을 끌어내기 시작했다. 또한 이 몸이 바로 나임을 깨달았다.

이후 입원할 즈음엔 병이 묘하게 진행되면서 통증이 거의 사라졌고, 나는 운동을 다시 시작했다. 병원 안에서 운동하기는 쉽지 않다. 캐나다의 병원에서 개인 병실을 받는 경우는 입원할 때 운이 좋거나 전염력이 아주 강한 질환을 앓고 있을 때다. 운 좋게도 나는 입원 시기가 딱 맞아서 개인 병실을 사용하게 되었고, 덕분에 아내를 조금이나마 편하게 해줄 수 있었다. 간호사들은 바이털 사인을 기록하려고 왔다가 내가 계단 위아래로 달리고 있는 모습을 발견하곤 했다. 내 괴벽보다도 간호사들의 인내심이 더 놀라웠다.

계단 위를 달리면서 여전히 내게 남은 강인함을 경험할 수 있었다. 몸이 원하는 일을 하고 있다는 느낌이 들었다. 운동을 하면서 내가 원하는 것들을 조금씩 발견했고, 그럼으로써 나는 질병이라는 드라마의 무대 중앙에 계속 서 있을 수 있었다. 수술을 받고 나서는 몸을 많이 움직이는 활동을 할 수 없었지만, 내 이름 밑에서 '림프종'이라는 표지를 봐야 했던 시기를 통과할 수 있었던 것은 그 전에 운동을 했기 때문이다. 병원은 자기들이 만든 이름표를 내게 붙였지만 나는 내 정체성을 지켰다. 그리고 내 정체성은 종양이 있는 몸이든 없는 몸이든 여전히 내 몸에 뿌리를 두고 있었다.

나아가 운동을 하면서 나 자신에게 암에서 돌아올 것이라고, 내 몸은 여전히 돌봄을 받을 가치가 있다고 말해줄 수 있었다. 하지만 이 말은 거래가 아니었다. 운동을 치료로 생각하지 않았다는 뜻이다. 그보다 운동은 내가 질병과 함께 살아가는 방식, 질환의 진행과는 상관없이 내게 남아 있는 삶을 계속 사는 방식이었다. 운동은 몸에 느끼는 경이로움을 내 나름대로 표현하는 일이었다.

몸에 경이로워할 때 '잘' 아플 수 있고 치료 또한 잘 이루어질 수 있다. 경이를 모르는 의사는 질환을 낫게 하는 데만 집중한다. 낫게 한다는 유일한 목표를 달성하는 데 성공할 때도 있지만 그렇지 못한 경우는 실패가 된다. 반면 경이를 아는 의사에게 실패란 없다. 의사와 환자는 함께 몸에 놀라워하며, 두 사람의 관계에서는 실패도 통제도 상관없는 일이다. 경이를 함께 느끼는 의사를 만난 환자는 운이 좋다. 몸은 의사의 치료나 환자의 의지로 통제하는 영토가 아니다. 질환과 치료에만 관심이 있는 의사를 만났다면, 아픈 사람은 의학이 치료하는 대로 받아들이되 혼자서 또는 돌봐주는 이들과 함께 경이로워하는 법을 배워야 한다.

지금 이야기에서 '몸에 느끼는 경이'라고 부르는 것을 내가 했던 활동과 혼동하지 않았으면 한다. 어쩌다 보니 병원에 걸어 다니면서, 또 입원했을 때엔 운동을 하면서 내 몸을 알아갔지만, 몸에 계속 경이를 느끼는 데 이런 활동이 필수는 아니었다. 수술 후엔 몸을 잘 쓸 수 없었고, 화학요법 치료를 받으면서는 더욱 움직이기가 어려워서 책을 읽기도 힘들었다. 하지만 나는 조화 속에 있다고 느낄 수 있는 다른 원천들을 찾아냈다. 특히 음악이 그런 원천이 돼주었다. 밤이면 워크맨으로 바흐를 들었다. 병원에 있다는 것만으로 떠오르는 많은 일을 음악을 들으며 잊을 수 있었다. 내 싸구려 헤드폰으로 듣기에 오케스트라 연주곡은 무리였지만, 글렌 굴드가 연주하는 〈골드베르크 변주곡〉을 들으면 당시의 환경에서는 느끼기 어려웠던 평화가 찾아왔다. 나의 고유함도 다시 느낄 수 있었다. 나중에서야 알게 되었지만, 바흐는 이 변주곡을 불면증에 시달리던 어느 귀족을 위해 썼다고 한다.

수술 전에 병원에서 하던 운동처럼 음악 감상은 몸을 위한 활동이 되었다. 달리다 보면 몸에 리듬감이 가득 찰 때가 있다. 너무도 좋아하는 순간이다. 그리고 바흐의 음악을 듣고 있자면 그런 순간처럼 몸이 리듬에 맞춰 움직이는 듯 느껴졌다. 음악의 기원은 춤과 붙어 있으며, 춤은 삶을 아주 아름답게 상징한다. 아프기 전에는 음악 안의 춤을, 또 춤 안의 삶을 그렇게 또렷이 느껴본 적이 없다. 몸은 내가 할 수 있는 일 너머에, 그저 존재한다. 질병을 경험하며 배운 것이다. 내 몸이 그저 존재하고 있을 뿐이라는 이 지혜 안에서 나는 자신을 발견하고 또 발견해간다.

아픈 사람에게 강요되는 긍정적인 겉모습

사회는 아픈 사람을 **용감**하다든지 **낙천적**이라든지 아니면 **명랑**하다는 단어로 칭찬한다. 아픈 사람이 농담을 하거나 웃음을 띠고 주변 사람을 편하게 해줄 때 가족과 친구들은 환자가 '긍정적'이라며 좋게 이야기한다. 나아가 아픈 사람 주변의 모든 이들이 회복만이 유일하게 생각해볼 가치가 있는 결과라는 식으로 말한다. 실제 가능성이 어떻든 간에 '넌 괜찮을 거야'라는 태도가 병실을 채운다. 모두 이런 태도를 유지하려 애쓴다. 하지만 아픈 사람도 애쓴다. 아픈 사람은 다른 사람들이 불편하지 않도록 애쓴다.

아픈 사람은 두 종류의 감정노동을 해야 한다. 앞에서 말했듯이 먼저 아픈 사람은 홀로, 또는 돌봄 제공자들과 함께 두려움, 절망, 상실 같은 감정을 마주하면서 아프다는 것의 일관된 의미를 찾으려 노력하며, 여기에는 노동이 들어간다. 또 다른 종류의 노동은 아픈 사람이 겉모습을 유지하기 위해 하는 노동이다. 건강한 친구, 동료, 의료진, 그 밖의 사람들로 이루어진 한 사회가 아픈 사람에게 기대하는 모습이 있고, 아픈 사람은 이런 겉모습에 자신을 맞춰야 한다는 압력을 느낀다.

가장 많이 칭찬받는 아픈 사람의 태도가 있는데, 여기에는 '걔가 아픈 줄도 모를 정도였다니까'라는 말이 따라붙는다. 예를 들어 집에 있을 때 아픈 사람은 전과 다름없이 가족의 일상생활에 참여하고 있는 듯이 보여야 한다. 더는 병색을 숨기기 어려워질 때도 아픈 것이 대단히 나쁜 일은 아니라고 말해주길 기대받는다. 대단히 긍정적인 행동은 아니지만 받아들일 만한 행동을 했을 때는 큰 칭찬은 받지 못해도 '잘 견딘다'는 말을 듣는다. 하지만 아픈 사람이 쾌활하고 긍정적으로 행동하고 싶지 않을 수도 있다. 밝은 겉모습을 유지하려면 대부분의 상황에서 힘을 들여 노력해야 하기 때문이다.

아픈 사람이 두렵고 비통한 마음을 잘 표현해서 칭찬받았다거나, 드러내놓고 슬퍼해서 칭찬받았다는 이야기는 들어본 적이 없다. 오히려 반대다. 웃지 않고 어두운 감정을 드러냈을 때 아픈 사람은 사과해야 할 것처럼 느낀다. 가끔 흘리는 눈물은 아픈 사람이 '흘려보내야' 하는 것이기 때문에 문제가 안 되는 편이다. 눈물은 지속되는 감정이라기보다는 일시적으로 감정을 분출하는 일로 분류된다. 지속되는 '부정적인' 감정은 적절하지 않다. 환자가 너무 많이 슬퍼하면 틀림없이 우울한 것이며, '우울증'은 치료할 수 있는 의학적 질환이다.

우울함이 그 상황에서 아픈 사람이 취할 수 있는 가장 적절한 반응일지도 모르지만, 의료진이든 가족이나 친구든 그런 식으로 이해하고자 하는 사람은 드물다. 우울증에 걸리라고 추천하는 것은 아니다. 다만 어떤 순간들엔 꽤 깊은 우울증도 질병 경험의 일부로 받아들여야 한다는 뜻이다.

장모님이 돌아가시기 며칠 전에 옮긴 병실에는 장모님처럼 암으로 치료받던 여성이 있었다. 전에 같은 병실을 쓰던 환자가 죽었기 때문에 이 여성은 또다시 죽음이 임박한 사람과 같은 병실을 쓰게 된 것이었다. 게다가 이 환자 자신도 상태가 심각했다. 그녀가 받은 임상적 우울증이라는 진단에는 의심의 여지가 없어 보였다. 문제는 의료진이 이 여성의 우울증에 대응한 방식이다. 우울증을 이 상황 안에서 나오는 합리적인 반응으로 이해하려 노력하는 대신 의사들은 우울증약으로 치료했다. 병원 소속의 심리학자는 진찰하러 와서는 단순히 이 여성의 '정신 상태'를 평가하기 위한 질문만을 던졌다. "오늘이 무슨 요일이죠?", "지금 어디에 계시는지, 여기 몇 층인지 아세요?", "지금 우리나라 수상이 누구죠?" 등등. 그의 유일한 관심은 우울증약 복용량이 너무 높아서 그녀의 '지남력'*이 저하되지 않나 하는 것뿐이었다. 병원 입장에서는 그녀가 정신적으로 안정되어 더 많은 돌봄이 필요하지 않은 '좋은 환자'로 남아주어야 했다. 그녀의 감정은 불필요했다. 아무도 그녀가 느끼는 공포를 함께 살펴보고자 하지 않았다. 같은 병실 사람 두 명이 들어온 지 며칠 만에 세상을 떠났을 때 기분이 어땠는지, 이 일이 그녀가 품고 있는 죽음에 대한 공포에 어떤 영향을 줬는지 아무도 묻지 않았다. 아무도 이 여성의 경험을 목격하려 하지 않았다.

아픈 사람이 '명랑한 환자' 이미지를 유지하기 위해 노력하는 모습을 보면 정말 슬퍼진다. 암으로 죽어가던 내 가까운 친구 한 명은 어떻게 자기 상태가 계속 나빠질 수 있는지 진심으로 의아해했다. 친구는 화학요법을 받을 때마다 치료 병동으로 쿠키를 구워 들고 가는 사람이었다. 그녀는 태도

---

* 指南力. 시간, 장소, 사람 등을 올바로 파악하는 능력.

와 병세가 호전되는 것 사이에 분명한 인과관계가 있다고 믿었다. 어린 시절부터 계속 우리는 태도와 노력이 중요하다고 배운다. '훌륭한 시민'이 되면 좋은 일은 따라붙게 돼 있는 것이다. 간호사들은 모두 내 친구가 정말 대단하다고 말했다. 내 친구는 바로 그 완벽하게 용감하고 긍정적이고 명랑한 암 환자였다. 하지만 내게 그녀는 마지막에 가서야 정말로 대단한 사람이 됐다. 끝이 다가오자 친구는 자신의 질병을 마음껏 슬퍼했고 전에 하던 행동을 그만뒀으며 분명하게 분노를 표출했다. 친구는 자신이 선택한 대로 자신의 질병을 살았다. 그녀가 자신의 분노와 슬픔에 따라 행동하기 시작할 즈음엔 이미 너무 아픈 상태였고, 그래서 혹시 이런 감정들을 더 일찍 더 많이 표현했으면 좋았을 거라는 생각이 드냐고 차마 물어볼 수가 없었다. 친구가 행복한 겉모습을 그렇게나 오래도록 유지하기 위해 어떤 값을 치러야 했을지 나 혼자 헤아려볼 뿐이다.

명랑하고 단정한 이미지를 유지하려면 가뜩이나 부족한 에너지를 더 쏟아부어야 했다. 긍정적인 겉모습을 유지하는 데 신경을 쓰다가 암과 함께 살아가는 내 삶에서 **정말로** 일어나고 있던 일들을 표현할 기회를, 또 암과 함께 살아가는 내 삶을 이해할 기회를 놓치기도 했다. 여기에 더해 관계들이 소원해지기도 했다. 밝게 보이려 노력하다가 내 경험을 다른 사람들과 공유하지 못했기 때문이다. 하지만 아픈 사람의 주변인들이 보고 싶어 하는 모습이 오직 긍정적인 환자 이미지뿐일 때도 많다.

'긍정적인' 이미지를 유지하는 노력의 이면에는 질병이 죽음으로 끝날지도 모른다는 사실을 부정하는 마음이 있다. 환자가 죽음을 부정하고 싶어 한다면 그렇게 놔두어야 한다고 의료진은 주장한다. 죽음을 부정하는 이런 과정은 슬프게 결말나기도 한다. 죽어가는 환자가 너무 아픈 상태가 되어, 자신의 삶과 사랑하는 이들의 삶에 관해 하고 싶은 말이 있어도 표현하지 못한 채로 끝나는 것이다. 이 환자와 가족은 함께할 수 있었던 마지막 경험까지 부정당한다. 모든 사람이 사랑하는 이들과 진실을 나누는 순간을 선택하지는 않지만, 그런 순간을 누릴 권리는 모두에게 있다.

이야기되지 않은 채로 남은 것들을 짊어지고 사는 삶은 슬프다. 하지만 의사나 간호사는 이 비극의 일부가 아니어도 된다. 의료진으로서는 질병과 죽음을 부정하는 환자가 좋은 환자인데, 명랑하고 요구 사항도 별로 없고 질문도 더 적게 하기 때문이다. 섣불리 짐작할 수 없는 어떤 이유로 현실을 부정하는 아픈 사람도 있겠지만, 환자가 전부 자의로 부정하길 선택했다는 생각은 치료 제공자들에게 너무도 편리하다. 이렇게 가정할 때 치료 제공자들은 자신이 환자에게 신호를 보내고 있다는 사실을 인식하지 않아도 되기 때문이다. 아픈 사람의 행동에 '부정'이라는 딱지를 붙이면, 그 행동은 환자가 자기 상황에 **반응**해서 나온 것으로 이해되기보다는 환자가 원해서 한 일이 된다. 하지만 아픈 사람의 행동은 특정한 상황 안에서 나오며, 이 상황은 치료를 제공하는 사람들과 돌봄을 제공하는 사람들이 보내는 신호로 이루어진다.

병이 나면 아픈 사람은 의료진과 가족과 친구들에게 의존할 수밖에 없다. 그리고 자신이 의존하는 모든 사람이 명랑한 태도를 높이 평가할 때 아픈 사람은 에너지를 끌어모아 명랑해 보이려고 애쓸 수밖에 없다. 자신은 부정하고 싶지 않거나 부정할 필요를 느끼지 못한다고 해도, 아픈 사람은 주변 사람들이 부정을 원하고 필요로 한다고 느낀다. 아픈 사람 자신은 부정하지 않지만 다른 사람들이 부정할 때 거기에 맞춰주게 되는 것이다. 주변 사람들이 일어나고 있는 일을 부정할 때 자신도 함께 부정하는 것이 아픈 사람에게는 아주 좋은 거래처럼 보일 수 있다.

사람들 속에서 살면서 우리는 거래를 한다. 우리는 자신에게 어떤 도움이 필요하며 그 도움을 받기 위해 다른 사람들에게 무엇을 줘야 하는지 결정해야 한다. 그런 다음엔 필요한 것을 얻기 위해 '최상의 거래'로 생각되는 행동을 한다. 이 과정은 거의 무의식적이고 아주 많은 경험을 통해 오랜 시간에 걸쳐 발전하여 자신의 일부, 혹은 우리가 '내 성격'이라고 부르는 무언가의 일부가 된다. 우리는 그저 성격이라고 하지만 그 이면에서는 거의 언제나 거래가 이루어지고 있다. 그리고 질병 같은 위기 상황에서 거래 조건들은 수면 위로 떠올라 더 명확하게 드러난다.

치료를 받는 동안 내가 했던 거래 전부를 대표하는 사건이 하나 있다. 화학요법 치료를 받으려면 3일 동안 입원 환자로 있으면서 계속 약물을 맞아야 했다. 한 차례의 치료와 다음 차례의 치료 사이에는 3주 정도 간격이 있고 그 기간에는 매주 암 병동의 주간치료 센터에서 검사를 받았다. 주간치료 센터는 안락의자가 가득한 커다란 방으로, 의자엔 내가 받던 것보다 짧은 시간 동안 정맥 화학요법 치료를 받는 환자들이 앉아서 약물을 투여받는다. 센터 안에는 의자 외에 침대도 촘촘히 놓여 있었고 커튼으로 공간을 분리해놓았다. 사람들이 전부 다 보이고 말소리도 거의 다 들렸다. 하지만 병원은 사생활을 지켜주고 있다는 근거 없는 믿음에 기대어 돌아간다. 커튼을 치면 안쪽의 공간은 곧바로 사적인 공간으로

정의되고, 얼마나 사적인 질문을 받든 환자는 전부 대답해야 한다. 캐시와 내가 주간치료 센터에 처음 갔을 때 젊은 간호사가 '심리사회적' 상태를 알아본다면서 우리를 면접했다. 치료가 이루어진다는 점을 제외하곤 버스 정류장처럼 번잡한 장소의 한복판에서, 간호사는 나름대로 합리적인 질문 몇 개를 던졌다. 내 질병 때문에 직장에서 어려움을 겪고 있지는 않은가? 가족과 문제는 없는가? 가족은 잘 뒷받침해주고 있는가? 돌봄 제공자라면 물어봐야 하는 질문이 맞다. 문제는 질문을 던지는 장소였다.

캐시와 나는 질문 대부분에 거짓말로 대응했다. 서로를 거의 쳐다보지도 않았지만, 우리에게 어떤 문제가 있든 그곳에서는 절대 말하지 않으리라고 둘 다 마음먹었다. 왜였을까? 가장 좋은 거래 조건을 파악하기 위해 우리는 그 상황에서 간호사에게 어떤 종류의 지원을 얻을 수 있을지 가늠해봐야 했다. 사실대로 말할 때 감수해야 하는 위험이 있었다. 하지만 그 간호사는 이 위험에 상당하는 지원을 제공해줄 것이라는 확신을 전혀 주지 못했다.

문제가 있다는 사실을 인정하면 취약한 상태에 놓이지만, 그래야만 도움을 받을 수 있기도 하다. 아팠던 동안 내내 캐시와 나는 우리에게 필요한 도움과 우리 자신을 취약하게 만들면서 감당해야 하는 위험을 저울질해보곤 했다. 도움이 즉시 올 것 같지 않다는 느낌이 들 때 우리는 말하고 싶은 마음을 억눌렀다. 대단히 개방된 공간인 주간치료 센터 안에서 캐시와 내가 우리의 문제와 감정을 표현했더라면 극도로 취약한 상태에 놓였을 것이다. 또 그러고 나서 큰 도움을 받지도 못했더라면 정말 크게 마음을 다쳤을 것이다. 간호사는 질문에 대답하려면 우리가 얼마나 많은 것을 걸어야 하는지 전혀 의식하거나 느끼지 못하는 듯했고, 그래서 캐시와 나는 오로지 명랑하게 '별문제 없습니다' 식의 반응만을 했다. 그 환경에서는 제대로 된 도움을 기대하기 어려웠기 때문이다.

어쩌면 캐시와 내가 틀렸을지도 모른다. 내 질병을 대하는 사람들의 반응 때문에 힘들다고 문제를 내보였다면, 우리 부부가 어떻게든 각자 직장 일을 계속해가려고 노력하면서 받던 스트레스를 내보였다면, 그리고 치료가 과연 잘되고 있는지 두렵고 불안한 마음을 내보였다면 의료진이 도움을 주었을지도 모른다. 캐시와 나는 우리의 반응이 아예 지원을 차단한다는 점을 잘 알고 있었다. 내기에서 돈을 두 배로 따느냐 전부 잃느냐의 상황과 비슷했고, 우리는 안전을 택했다. 아픈 사람은 계속해서 이런 선택의 순간을 마주한다. 캐시와 나는 아직도 입을 다물기로 했던 결정이 옳았다고 여긴다.

의료진이 정말로 도움을 주고자 했다면 우리가 편하게 응답할 수 있는 환경에서 물었을 것이다. 입원 환자 병실 안에 간호사들과 우리만 있었을 때 간호사들은 병력을 적는 서류에 있는 질문만 했지 '심리사회적' 질문은 하나도 던지지 않았다. 사생활이 보장되는 병실 공간 안에서 아내와 내가 감정을 표현한다면 이때는 간호사들이 취약한 상태에 놓이게 되기 때문이다.

주간치료 센터 간호사의 질문에 미소를 지어가며 대답하는 일은 고됐다. 다 괜찮다는 인상을 주려고 애쓰면서 진이 빠졌다. 게다가 나는 질병을 겪느라, 또 캐시는 돌보느라 이미 지친 상태였다. 하지만 우리의 에너지를 이렇게 쓰는 것이 가장 좋은 거래로 보였다.

돌봄 제공자가 되길 원하는 사람, 특히 돌보는 일을 직업으로 삼길 원하는 사람은 제대로 된 도움을 줄 수 있어야 할 뿐 아니라 도움이 바로 눈앞에 있다고 아픈 사람을 설득할 수 있어야 한다. 돌아보면, 아팠을 때처럼 방어적이던 때가 없었다. 다른 사람들을 그렇게 가까이에서 지켜본 적도 없었고, 사람들과 함께 있으며 그렇게 방어막을 두르고 있던 적도 없었다. 사람들이 어느 때보다 간절히 필요했지만, 동시에 사람들에게 다치기 쉽고 가장 취약한 때이기도 했다. 그래서 나는 기대치를 최소한으로 낮춰서 사람들이 줄 수 있는 도움을 가늠했으며, 다른 사람들이 본 내 행동은 이런 판단의 결과로 나왔다.

여기서도 다시, 내가 정답을 주지는 못한다. 줄 수 있는 것은 질문뿐이다. 아픈 사람은 자문해보길 바란다. 이 '거래'를 하기 위해 얼마나 감정노동을 해야 하는가? 주변 사람들이 원하는 명랑한 겉모습을 보여주려다가 자기 질병을 표현하지 못하고 억누르고 있지는 않은가? 긍정적인 모습을 보여주지 못했을 때 어떤 일이 일어날까 봐 두려운가? 아픈 사람의 주변인이라면 이런 질문들을 해보라. 아픈 사람이 특정한 방식으로 행동하길 바라면서 신호를 주고 있지는 않은가? 아픈 사람의 행동이 당신의 행동에 반응해서 나온 것은 아닌가? 실제로는 누가 부정하고 있으며 누가 부정을 필요로 하는가?

두려움과 우울은 삶의 일부다. 아플 때 겪는 '부정적인 감정'이 따로 있지 않다. 살아내야 하는 경험들이 있을 뿐이다. 힘든 순간에 필요한 것은 부정이 아니라 인정이다. 아픈 사람의 고통은 치료될 수 있든 없든 인정되어야 한다. 가장 아팠던 시기에 내가 원한 반응은 "네, 우리는 당신의 고통을 압니다. 우리는 당신의 두려움을 받아들입니다"였다. 다른 사람들이 내 고통을 인정할 뿐 아니라 내 고통에 연결되어 있다고 인정하길 원했다. 나는 의사와 간호사들이 때로 제대로 치료하지 못한다는 사실을 받아들일 수 있다. 받아들일 수 없는 일은 의료진, 가족, 친구들이 자신 또한 질병의 과정에 똑같이 동참하고 있다는 사실을 인정하지 않는 것이다. 그러나 사실 이들의 행동은 아픈 사람의 행동을 빚어내며, 이들의 몸은 질병이 가져오는 모든 가능성을 아픈 사람의 몸과 공유한다.

도와주는 대가로 명랑하고 용감한 모습을 요구하는 사람들은 자신의 인간성을 부정하고 있는 것이다. 이런 사람들은 인간이 언젠가는 아프게 되고 죽을 수밖에 없는 존재임을 부정한다. 아픈 사람에게 필요한 것은 인간 몸이 얼마나 취약한지 주변 사람들도 함께 인정하는 것이다. 그럴 때 아픈 사람은 정말로 용감하고 명랑해질지도 모른다. 애써 유지하는 겉모습이 아니라 사람들과 공유하는 감정을 자연스럽게 표현한 모습으로서 말이다.

화학요법 그리고 질병 안에서 발견한 모험

화학요법 치료를 시작하면서 희망도 컸고 그만큼이나 두려움도 컸다. 화학요법은 고환암 환자 중 80퍼센트에게 효과가 있고, 암 진행이 얼마나 되었는지에 따라 효과가 다르다. 내 경우엔 진단이 늦었기 때문에 효과가 좋을 가능성이 그렇게 크지 않을지도 몰랐다. 하지만 높든 낮든 가능성은 어디까지나 가능성일 뿐이었다. 애초에 고환암이 생겼다는 것 자체가 운 좋은 일은 아니었다. 그래서 의료진이 가끔 내보이는, '당신이 병을 키운 것'이라는 태도는 거슬렸다. 나는 의사나 간호사들에게 만일 오늘 저녁 집에 무사히 돌아가지 못할 확률이 20퍼센트라는 이야기를 들으면 기분이 어떻겠냐고 묻고 싶은 마음을 억눌렀다. 효과가 있을 가능성이 크다는 사실은 계속 희망을 품는 데 도움이 됐지만, 가능성을 설명하는 의료진의 태도에서는 내가 두려워할 필요가 없는데도 두려워한다는 메시지가 전해졌다.

효과를 보일 가능성이 클 때, 의료진의 관점에서 화학요법은 단순히 '하면 되는 일'로 보이기 쉽다. 화학요법이 어떨지 설명해주면서 의료진은 언제나 뒤따르는 고통을 최소화해서 말했다. 부작용이 특히나 심했던 어느 날 나는 주간치료 센터의 침대에 누워 환자들이 가장 잘하는 일을 하고 있었다. 기다리고 있었다는 말이다. 커튼 건너편에서 의사가 어느 환자에게 화학요법에 관해 설명해주고 있었다. 몇 달 전에 내가 들었던 내용과 똑같았다. 의사는 화학요법 치료에 뒤따르는 불편함이 그저 일시적일 것이라고 했다. 직장 업무 시간을 많이 뺏지 않을 것이고, 머리칼이 빠지는 것 외에 딱히 심각한 문제는 없으며, 몇 달이면 끝나고 등등의 이야기가 이어졌다. 커튼을 젖히고는 "맞아요, 그리고 바로 나처럼 보이게 될 거예요"라고 말하고픈 비틀린 마음이 들었다. 그 환자가 모든 세부 사항을 미리 알 필요는 없다. 하지만 뭔가 현실적인 계획을 세울 수 있을 만큼 충분한 설명을 들을 권리는 있었다. 또 더 중요하게는, 앞으로 겪을 일이 사소하지 않다는 점을 확인받을 권리가 있었다. 그러나 그 대신 환자는 의사에게서 앞으로 겪게 될 경험을 심각하게 여기지 말라는 신호를 받고 있었고, 나는 바로 이 점을 바꾸고 싶었다.

나보다 훨씬 장기간의 화학요법 치료를 받고도 회복 가능성이 훨씬 낮은 사람도 많다. 그렇기에 암센터 의료진으로서는 고환암을 낫게 하기 위한 화학요법 치료를 일시적인 불편쯤으로 생각하기 쉽다. 불행히도 이런 태도는 아픈 사람이 경험하는 일의 가치와 중요성을 부인한다. 화학요법을 받은 3개월은 마치 평생과도 같았다. 삶이 끝날지도 모른다는 두려움 때문이었다. 하지만 이에 더해 내가 고통을 받아들이고 모험을 발견했기 때문이기도 했다.

고환암 치료에 사용되는 화학요법에 관해 처음 설명을 들을 때 이 치료가 내가 받을 "가장 공격적인" 치료라고 했다. 대여섯 명의 건장한 남성들이 나를 침대에 던지고는 정맥주사를 꽂는 이미지가 떠올랐다. 물론 이 '공격적'이라는 말은 약물의 독성과 심한 부작용을 가리킨다. 탈모가 가장 흔한 부작용이지만 그보다 훨씬 더 괴로운 부작용은 구역질, 잇몸 염증, 변비 그리고 소변을 볼 때 느껴지는 타는 듯한 통증으로, 이 통증은 오래가진 않았지만 가장 힘들었다. 더 중대한 부작용은 면역체계의 근간인 백혈구가 파괴되는 것이다. 백혈구가 파괴된다고 불편을 느끼지는 않지만 환자는 더 쉽게 병에 걸릴 수 있다. 그래서 나는 또 다른 병에 걸려 화학요법 치료 일정이 늦어질까 봐 두려워하며 살았다.

이러한 특정 부작용의 차원을 넘어, 화학요법 치료를 받으면 일단 몸이 만신창이가 된 느낌이 든다. 놀랄 일은 아닌데, 세포를 죽이는 독한 약물을 몸 안에 넣는 것이 바로 화학요법이기 때문이다. 화학요법 치료를 받았을 때와 두 번의 수술을 받았을 때의 느낌을 비교하면 이렇다. 수술을 받을 때는 마취된 채여서 의식은 통증을 기억하지 못했지만, 몸에 무슨 일인가가 있었다는 느낌 같은 것이 남아 있었다. 어떤 일이 내게 있었고, 전부 다 기억하진 못하지만 끔찍했다는 사실은 알았다. 한편 화학요법은 통증을 일으키지는 않았다. 하지만 이때도 내 몸은 다시 무언가 끔찍한 일이 자신에게 벌어지고 있음을 알았다.

화학요법 치료를 받을 예정인 독자가 있다면 내가 말한 부작용은 사람마다, 각자 받는 치료마다 다르다는 점을 알고 있길 바란다. 화학요법 치료의 부작용을 줄이기 위해 약물을 바꾸기도 하고 치료 방법 자체도 계속 변한다. 내가 받은 치료의 세세한 내용은 내 이야기의 일부이지, 다른 환자들이 보면서 자기 앞일을 예상해볼 수 있는 안내서 같은 것이 **아니다**.

한 차례의 화학요법 치료는 3일에 걸쳐 이루어졌고 치료를 받는 동안에는 암센터에 입원해 있었다. 나는 시간표에 맞춰 여러 약물을 정맥을 통해 투여받았다. 약물 주입 순서는 정확해야 하는데, 각 약물은 다른 발달 단계에 있는 암세포를 죽이기 때문이다. 치료 횟수는 사람마다 다르다. 예전에는 보통 여섯 번의 화학요법 치료를 받았지만 나는 세 번을 받았다. 최신 연구에 따르면 한 번의 치료로도 효과적이어서, 첫 번째 치료에서 이미 효과가 나타날 만큼 다 나타나는 것으로 보인다고 한다. 화학요법 치료를 한 차례만 받는다는 발상은 매력적이긴 했지만, 화학요법 치료 중일 때조차 통상적인 과정보다 더 적은 횟수로 치료를 받는 최초의 환자가 되고 싶지는 않았다. 너무나 오래 암 때문에 공포 속에 살았고, 그래서 마침내 치료를 받으면서 안전하다는 느낌이 들었기 때문이다.

한 차례의 치료가 끝나면 퇴원했다가 매주 다시 암센터에 와서 혈액검사를 받고 부작용을 줄이는 약을 받았다. 집에 돌아온 다음 날부터 한 주 동안이 몸에 최악의 반응이 나타나는 시기였다. 일주일이 지나면 여전히 잘 집중할 수는 없었지만 그래도 구토감 없이 책을 읽을 수 있었다. 입맛이 폭발하듯 돌아왔고 입안 염증도 줄어들어 음식을 먹을 수 있었다. 다음 차례의 치료까지 남아 있는 열흘 정도는 그 나름대로 평범하게 지냈다. 계속 진찰을 받으러 가야 하고 몸에 면역체계가 없다는 점만 제외하면 말이다. 몸 상태가 꽤 괜찮게 느껴질 때쯤 백혈구 수치도 다음 차례의 화학요법 치료를 받을 수 있을 정도로 높아졌다. 다시 치료가 시작됐다.

매회 치료가 끝나고 2주 후에는 CT 검사를 받았다. 등에 있는 종양 크기가 작아졌는지 확인하기 위해서였다. 종양 크기가 얼마나 감소했느냐에 따라 화학요법 치료의 중단 시기가 결정되기 때문에 2주 후까지는 세 번째 치료가 마지막이 될지 알 수 없었다. 어떤 시점 이후로는 종양이 더 줄어들지 않았고, 그래서 암센터에서는 남아 있는 부분이 흉터 조직이라고 봤다. 화학요법 치료가 끝나고 1년 후 종양이 다시 자라고 있지 않나 확인하기 위해 한 번 더 CT 검사를 받았다.

CT 검사는 쾌적하다곤 할 수 없었다. 영화에서 보면 환자는 사방에 불빛이 번쩍이는, 최첨단 기술로 만든 도넛 같은 기계 안으로 미끄러지듯 들어가지만 실제로는 그렇게 즐겁지 않다. 검사 전날 장을 비우기 위해 엄청난 양의 완하제를 먹어야 해서 기껏해야 두 시간 정도밖에 자지 못했다. 또 종양을 보기 위해 CT 검사를 하는 동안 대장 조영 검사도 받아야 했고, 대장 검사를 위해 팔에 꽂힌 정맥주사 바늘로 또 다른 조영제를 넣어 순환계로 들여보냈다. CT 검사는 물론 수술보다야 덜 '침습적'이지만, 검사를 받는 동안 나는 충분히 침입과 습격을 받는 것처럼 느꼈다. 몸 단면 사진을 차례대로 찍어가는 엑스레이 기계를 통과하는 동안 머리 위로 팔을 올린 자세를 하고, 정맥주사가 꽂힌 채 대장 검사도 받으면서 30분가량을 꼼짝 않고 누워 있어야 했다. 이 검사는 내부 장기를 정밀하게 보여주며, 내 경우에는 종양을 보여줬다.

화학요법 치료가 끔찍하다고 하는 사람이 많지만, 내가 받은 공격적인 치료가 대단히 특별하게 끔찍하지는 않았다. 그저 일상적인 불편이 하나, 또 하나, 쉬지 않고 계속 생겼을 뿐이다. 약과 병실 때문에 폐소공포증을 느꼈다. 정맥 라인을 두 개 꽂고 있어서 갇혀 있는 듯한 느낌은 더 심해졌다. 하나는 항암제용이고 다른 하나는 항구토제용이었다. 항구토제는 효과가 있었지만 이 약물을 맞으면 정신이 없어져서 대화라 할 만한 것을 나누기가 어려웠다. 화학요법 치료를 받으면 수면도 불규칙해졌다. 눈을 뜨면 몇 분이 흘러 있을 뿐이었다. 약물 때문에 몸의 평상시 반응도 느낄 수가 없었다. 약물에 절여진 채, 어떤 사물 안에 살고 있는 것 같았다. 가만히 누워 편히 쉴 수 없었지만 그렇다고 몸을 움직였다간 심하게 구역질이 났다.

내 몸에 연결된 정맥 라인에는 바늘이 붙어 있지 않았다. '중심정맥관'이라 불리는 영구 도관을 삽입하는 시술을 받았기 때문이다. 도관의 한쪽 끝은 심장 바로 위에 놓였고 다른 쪽 끝은 피부밑을 지나 빗장뼈 위로 나와서 가슴을 지나 갈비뼈 바로 아래에서 끝났다. 도관 일부가 체외로 빠져나와 있었고, 쓰지 않을 때는 가슴에 붙여놓았다. 정맥 라인이 하나만 달리는 도관은 피부 바로 아래에 놓이지만, 나는 아주 많은 양의 약물을 주입 받을 거라서 정맥 라인을 두 개 연결할 수 있는 도관이 필요했다. 도관을 삽입하는 목적은 화학요법 약물의 독성 때문에 혈관이 망가지지 않도록 하고, 약물이 몸 전체에 더 잘 퍼지도록 하는 것이었다.

그리하여 화학요법 치료를 받는 3개월 동안 가슴에 도관이 조금 나와 있는 채로 지내야 했다. 도관은 내 몸의 일부가 됐지만, 내 몸은 더는 완전히 나만의 것이 아니었다. 중심정맥관은 내 몸에 붙어 있는 암을 상징해서, 몸 상태가 좋게 느껴질 때도 여전히 가슴에 달린 채로 암과 관련된 모든 것을 상기시켰다. 도관 때문에 감염에 취약해졌지만 치료받는 동안은 도관에 의지해야 했다. 이 관을 통해 화학요법 약이 들어가고 혈액 샘플이 나왔다.

중심정맥관은 의학이 내 몸 위에 꽂은 또 다른 깃발이었다.

중심정맥관이 필요했지만, 또 그만큼이나 싫었다. 처음엔 종양이 눌러 생기는 통증 때문에 한밤중에 깨어나고, 나중에 병원에서는 매일 아침 받는 혈액검사처럼 일상적인 불편이 쌓여가면서 인내력이 조금씩 바닥났다. 혈액검사가 대단치 않은 일이라고 해도, 매일 아침 누군가가 팔에 주삿바늘을 몇 번 찔러 넣어서 깨어나게 되면 이 또한 불편을 참는 능력을 고갈시킨다.

중심정맥관은 원래 통증을 피하기 위해 필요했던 것이지만 암에 대한 공포를 잊는 데도 도움이 됐다. 화학요법이 과연 효과가 있을지, 얼마나 계속 화학요법 치료를 받아야 할지 걱정하는 대신 관심의 방향을 돌려서 도관 관리라는 일상적인 문제에 집중할 수 있었기 때문이다. 암은 걱정하기엔 너무나 거대한 문제였지만, 암 대신 도관을 걱정할 수 있었다. 도관이 나와 있는 부위는 상처가 그대로 벌어져 있어서 감염되기 쉽다. 나는 겪지 않았지만, 도관이 잘못 작동해 피를 제대로 끌어올리지 못하는 때도 있다. 또 나는 중심정맥관 때문에 오른팔을 마음껏 쓰지 못했다. 너무 크게 움직이면 도관이 당겨지기 때문이다.

중심정맥관은 당시 우리 부부의 관계에도 도움을 줬다. 도관을 삽입할 때쯤 나는 어느 정도 수동적인 환자가 되어 있었다. 의사들이 회진을 돌 때 캐시가 함께 있을 때가 많았지만 의사와 간호사들은 한 번도 아내를 알은체하지 않았다. 의료진은 나와 눈을 맞추길 어려워하면서도 나에게만 이야기했다. 마치 캐시가 존재하지 않는다는 듯한 태도였다. 캐시와 나는 이런 모습을 관찰하고 농담으로 삼기도 했지만 한편으론 지치기도 했다. 병원은 신체 치료를 감정을 돌보는 일에서 분리하며, 돌보는 사람을 부가적인 사치품인 양 취급한다. 옆에 있으면 환자에겐 좋지만 치료에 필수는 아니라는 것이다. 캐시와 나는 우리가 환자와 문병객으로 갈라지지 않도록 애쓰면서 힘든 시기를 보내야 했다.

신체를 돌보는 데는 정서적인 지원도 필요하며, 정서적인 지원에는 신체적인 연결이 필요하다. 우리 부부에게는 중심정맥관이 서로를 연결해주는 역할을 했다. 도관 관리는 매일 해야 한다. 도관이 나와 있는 부위를 소독하고 반창고를 붙여두어야 했으며, 한 차례의 화학요법 치료가 끝나고 다음 차례까지의 기간에는 도관을 식염수로 세척해야 했다. 캐시가 소독하고 세척하고 반창고를 붙이는 일을 맡았고, 이 일은 우리 관계에서 매일의 의례가 되었다. 아내와 나는 "우리가 함께 보내는 특별한 시간"이라고 농담했지만, 정신없는 삶 한가운데서 조용했던 그 시간은 농담이 아니라 정말로 선물과도 같았다. 아픈 중에도 우리 둘이 일상적으로 해야 하는 일은 줄어들지 않았고 오히려 병 때문에 늘어났다. 특히 캐시에겐 더욱 그랬다. 도관을 관리하는 일은 곧 일상이 되었고, 캐시가 작업하는 동안 우리는 대화를 나눌 수 있었다. 질병 때문에 대화를 나누기가 어려워지기도 한다. 암 때문에 추가된 일이긴 했지만, 도관을 관리하며 매일 함께 시간을 보내면서 캐시와 나는 우리 관계를 새롭게 쌓아갈 수 있었다. 다시 입원 환자가 되었을 때 우리는 간호사들보다 캐시가 도관 소독을 더 잘한다고 농담했다. 적어도 이제 우리 사이에서 캐시는 문병객이 아니었다.

질병을 겪으며 아픈 사람이 마주하는 근본적인 문제는, 삶이 너무도 급격하게 뒤바뀔 때 어떻게 계속 살아갈 수 있는가다. 그리고 화학요법 치료는 이 어려운 문제를 더 크고 뚜렷하게 만든다. 세 차례의 치료를 받으면서 내 삶은 파괴와 회복이 오르락내리락 이어지는 괴상한 롤러코스터 같은 것이 되었다. 새로운 부작용에는 또 다른 약물이 필요했고, 어려운 일 하나가 지나가면 신경 써야 하는 또 다른 걱정거리가 생겼다. 하지만 이런 일상적인 문제들 뒤에는 유일한 진짜 문제가 도사리고 있었다. 화학요법이 과연 효과가 있을까,

화학요법 치료를 받고 살아나는 운 좋은 80퍼센트에 내가 낄 수 있을까, 라는 문제다. 또 죽을 수도 있다는 위험 뒤에는 소진되어버릴 위험도 있었다. 목숨은 붙어 있지만 계속 이어지는 일들에 갉아먹혀버리는 것이다.

화학요법 치료를 받으며 아픈 사람은 자기 삶에서 소중했던 것들을 점점 잊는 위험을 겪기도 한다. 갇힌 듯한 느낌에 시달리고 수동적인 환자 역할을 하다 보면 나라는 사람이 지워질 수 있고, 몸을 돌보는 데 너무 하나하나 집착하다가 정신도 몸을 따라 무감각해질 수 있다. 한편 위험과 함께 기회도 온다. 기회는, 무시될 때가 많았던 친숙한 것에서 새로이 가치를 발견하는 데 있다. 나는 집에 있을 때 더 심하게 부작용을 느꼈지만, 그래도 집에 있다는 것 자체가 의미 깊었기에 견딜 수 있었다. 퇴원할 때마다 새로 태어난 기분이 들었다. 병원에 있으며 감각이 마비된 채로 지내다가 밖으로 나오면, 진짜 공기를 들이마시며 세계의 색깔과 질감을 느낄 수 있었다. 빛의 변화를 볼 수 있었고, 다들 자기 일을 하느라 바쁜 보통 세상의 소음을 들을 수 있었다. 집에 가면 친구와 친척들이 보낸 카드가 있었고 전화가 걸려왔다. 몇 년간 보지 못한 지인들에게도 전화가 왔다. 내가 암을 앓고 있다는 소식을 이 사람들이 알고 있어서 놀랐다. 주변 사람들이 보내준 이런 메시지는, 내 생각에 아픈 사람에게 가장 필요한 것을 줬다. 바로 주변의 많은 사람이 아픈 이의 건강과 생명에 진심으로 마음을 쓰고 있다는 느낌, 아픈 이가 생각하는 것보다 훨씬 더 마음을 쓰고 있다는 느낌이다. 무엇보다 집은 아내와 내가 '우리의' 공간에서 함께 있을 수 있는 곳이었다.

하지만 결국 병원에서와 마찬가지로 집에서도 아픈 사람은 질병과 홀로 남게 된다. 내게 일어나고 있는 모든 일에 관해 이제 무슨 생각을 하지? 이런 내가 뭘 할 수 있을까? 몸은 약하고, 다른 사람의 도움에 기대서 지내야 하는 데다, 잘 먹지도 못하고 용변도 못 보는 때가 많은데? 이런 질문들에 답을 생각해낸 적은 없다. 오히려 답이 나를 찾아왔다. 구한 적도 없고 기대한 적도 없던 어떤 모험의 감각이, 아주 다른 두 장소에서 내게 찾아왔다.

우리 집 거실에는 몇 년 전 선물로 받은 석판화가 걸려 있다. 1960년대에 마르크 샤갈이 파리에서 연 전시회를 위해 만든 포스터다. 전시회의 주제는 샤갈이 성서에서 모티프를 얻어 그린 작품들이었고, 내가 가진 석판화에는 천사가 야곱을 축복하는 장면이 그려져 있다. 앉아 있는 일 외에는 별로 할 수 있는 게 없던 날들에 나는 오후 햇빛이 거실을 가로지르며 지나가는 모습을 지켜봤고, 또 샤갈의 작품을 가만히 바라봤다. 관련된 성서 본문은 이렇다.

야곱은 홀로 남았다. 그런데 어떤 이가 나타나 야곱을 붙잡고 동이 틀 때까지 씨름을 했다.

도저히 야곱을 이길 수 없다는 것을 알았을 때 그는 야곱의 엉덩이를 쳤고, 야곱은 그와 씨름을 하다가 엉덩이뼈를 다쳤다.

그가 날이 새려고 하니 놓아달라고 하였지만, 야곱은 자신을 축복해주지 않으면 보내지 않겠다고 했다.

그가 야곱에게 물었다. "너의 이름이 무엇이냐?" 야곱이 대답하였다. "야곱입니다."

그가 말하였다. "네가 하나님과도 겨루어 이겼고 사람과도 겨루어 이겼으니, 이제 네 이름은 야곱이 아니라 이스라엘이다."

야곱이 물었다. "당신의 이름이 무엇인지 가르쳐주십시오." 그러나 그는 "어찌하여 나의 이름을 묻느냐?" 하고는 그 자리에서 야곱을 축복했다.

야곱은 "내가 하나님과 얼굴을 마주하여 보고도, 목숨이 이렇게 붙어 있구나!" 하면서 그곳에 브니엘이라는 이름을 붙였다.

야곱이 브니엘을 지날 때 해가 솟아올라서 그를 비추었다. 야곱은 엉덩이뼈가 어긋났으므로 절뚝거리며 걸었다. (「창세기」 32:24~31)

무슨 일이 벌어지고 있는지 이해하고 설명하기 위해 우리는 자신에게 이야기를 한다. 이런 이야기들은 강력하며, 그렇기에 위험하다. 이야기는 여러 곳에서 온다. 어떤 이야기는 우리가 찾아내지만, 우리가 의식하지 못하는 새에 곁에 와 있는 이야기도 많다. 또 어떤 이야기는 우리 삶에 억지로 부과되기도 한다. '내게 무슨 일이 일어나고 있는 거지'라는 질문에 답하기 위해, 우리는 어떤 이야기와 함께 살아가고 어떤 이야기를 사용할지 신중하게 골라야 한다. 야곱이 천사와 씨름을 벌인 이야기는 내가 살아가는 데 함께하는 이야기가 되었고, 질병에 관한 나만의 신화 같은 것이 되었다. 야곱의 이야기는 아프다는 것이 무엇인지 보여준다. 아프다는 것은 길고 긴 밤 내내 다친 채로 씨름하는 것이며, 해가 뜰 때까지 지지 않는다면 축복을 받는 것이다. 야곱의 이야기를 거쳐서 질병은 모험이 됐다.

　질병이 모험이라고 말하는 나만의 신화 안으로 다른 이야기들도 찾아왔다. 폴 사이먼의 앨범 《그레이스랜드Graceland》가 인기를 끈 가을이었다. 훌륭한 대중음악은 많은 사람의 마음을 건드리면서도 그 곡이 듣는 사람 자신만을 위해 쓰였다고 믿게 만든다. 다른 사람의 이야기가 내 이야기가 되는 것이다. 화학 약물이 몸 안으로 가득 펌프질 되어 들어가고, 면역체계는 거의 사라져 의사들이 어떻게 손대보길 겁낼 정도이던 그

때, 사이먼의 노래 〈거품 속의 소년The Boy in the Bubble〉은 내 이야기가 되었다.

기적과 경이의 나날들이야
멀리서 걸려온 전화야
느린 동작으로 뒤쫓는 카메라에 우리가 어떻게 보일까
모두에게 우리가 어떻게 보일까
멀고 먼 별자리에서 우리가 어떻게 보일까
하늘 한구석의 죽음이겠지
기적과 경이의 나날들이야
울지 마요 그대 울지 마요
울지 마요

그저 울고 있기가 쉬운 때였다. 하지만 야곱의 천사를 바라보고 기적과 경이를 노래하는 폴 사이먼의 곡을 들으면서, 나는 질병 안에서 모험을 하고 있다는 감각을 발견했다. 내 몸은 유독물질 폐기장이었지만, 그래도 기적을 살아내고 있었다. 화학요법 치료를 받을 때까지 살아 있는 대신 20년 전이라든지 10년 전에 이미 나는 죽었을 수도 있다. 이제 마침내 CT 검사 카메라가 느린 동작으로 움직이며 줄어든 종양을 보여줬다. 내 존재 자체가 경이였고, 이 경이를 사는 것은

모험이었다. 나는 해가 뜰 때까지 지지 않을 것이라고 믿을
수 있었다. 삶과 얼굴을 마주하고 보고 있다는 것, 그것은 축
복이었다.

질병은 싸워야 하는 대상이 아니다

암이 아닌 질환을 앓고 있는 사람들은 그냥 아픈 것이지만, 암을 앓고 있는 사람들은 암과 '싸운다'. 심장 문제가 있을 때는 아무도 내가 내 심장과 싸워야 한다고 말하지 않았지만, 암을 두고 내가 처음으로 들었던 말은 "싸워야 합니다"였다. 부고란을 읽어보라. 암으로 죽는 사람들은 '용맹하게 전투를 벌인 후에' 또는 '오랫동안 싸운 끝에' 죽는다. 정부가 주도하는 암 연구 프로그램들은 암에 맞서는 '전쟁'이다. 빈곤, 범죄, 약물중독을 '암'이라고 언급하는 신문기사들은 암을 무시무시한 타자로 여기는 사회의 태도를 반영한다. 이 타자를 물리치기 위한 적절한 대응은 오직 전투뿐이다. 하지만 나는 질병을 전투를 치르듯 살아내야 한다고 생각하지 않는다.

싸움이라는 비유는 질병과 함께 산다는 것이 어떤 일인지 그 느낌을 다소나마 전해주긴 한다. 캐시와 나는 암을 겪으며 전쟁터에서 사는 것 같다는 이야기를 하곤 했다. 암이라는 적을 물리치기 위해 전쟁을 벌이고 있다는 뜻은 아니었고, 그보다는 정신없이 돌아가는 삶을 묘사하는 단어를 찾다가 나온 말이었다. 우리는 살던 집이 전장이 되어버린 민간인들 같았다. 처리할 일과 위기가 어찌나 연달아서 재빠르게 나타났던지 마구 시달리는 느낌이 들었다. 어떤 위기 때문에 생긴 감정을 어찌어찌 해결하고 나면 곧바로 다른 위기가 우리를 '강타'했다. 위기는 화학요법의 새로운 부작용부터 우려하던 중심정맥관 감염까지 다양했다. 치료 일정을 따라가랴 직장 일을 하랴 벅찼다. 누군가의 표현처럼 '질병은 빌어먹을 일의 연속'이다. 그리고 이 연속되는 일들을 관통하고 있는 것은 바로 죽음에 대한 공포다. 그렇기에 전시에 사는 것 같다는 말은 그 나름대로 적절했다.

하지만 우리 부부가 암과 싸우고 있다는 뜻은 절대 아니었다. 캐시와 나는 암을 맞서 싸워야 하는 무엇으로 생각한 적이 없다. 암을 싸움의 대상으로 보는 것은 암을 의인화하는 일인데, 나는 암을 이런 식으로 의인화해서는 안 된다고 본다. 암은 자신과 분리된 어떤 실체가 아니다. 수술을 기다리며 병실에 누워 있으면서 나는 내 안에 있는 종양을 이해해보려 했다. 이 종양은 밖에서 몰래 들어온 이질적인 존재며, 내 진짜 일부는 아닌 것일까? 아니면 뇌나 근육처럼 내 일부일까?

사람들 대부분은 암을 이질적인 존재로 생각한다. 극단적인 예로, 로널드 레이건이 자기 암을 두고 한 유명한 말이 있다. "나는 암을 가지고 있지 않다. 내 안에 암이 붙어 있는 무언가가 들어 있었는데, 이제 그 무언가는 제거되었다." 레이건의 말은 암을 자신의 일부로 이해하지 않으려는 태도를 압축해서 보여준다. 이런 생각이 그에게 도움이 되었길 바랄 뿐이다. 그와는 달리 나는 암을 가지고 있었다.

종양은 통증을 일으켰고 생명을 위협했지만 그래도 여전히 내 일부였다. 변화를 주지 않으면 내 몸은 얼마 못 가 기능하지 못하게 될 것이었지만, 이 몸은 여전히 나 자신이었고 종양은 바로 이 몸의 일부였다. 내 몸을 전쟁을 벌이고 있는 두 편으로 나눌 수는 없었다. 종양은 나쁜 놈들이고 이에 맞서 건강한 원래의 내가 싸우고 있는 것이 아니었다. 종양까지도 포함하는 오직 하나의 나, 하나의 몸만이 있었다. 내가 여전히 하나의 몸이라는 사실을 받아들이자 마음이 편해졌다.

몸이 살기 위해선 종양이 없어져야 하지만 이것은 몸 차원에서 다뤄야 할 문제였다. 내 의식이 종양을 발생시키지 않았듯 의식이 종양을 사라지게 할 수도 없었다. 내가 의식적으로 할 수 있었던 일은 몸에 경이로워하고 몸의 지혜를 받아들이는 것뿐이었다. 살기를 욕망했지만 삶 자체는 내가 통제할 수 있는 이상의 것이었다. 자신과 싸우기를 포기하고 몸나름의 지혜에 따라 몸이 변하도록 내버려두자 마음이 훨씬 평화로웠다. 물론 여기에 더해 수술과 화학요법이 지시를 내려주긴 했다. 전투는 없었다. 변화의 가능성만이 있었다. 변화의 가능성이 실제가 되도록 하려면 고통과 노력이 필요했지만 싸울 필요는 없었다. 아픈 사람은 자신을 부드럽고 온화하게 대해야 한다. 종양을 적으로 여기고 몸을 전장으로 여기는 태도는 그렇지 않다. 아픈 사람에게는 부드럽고 온화한 것을 감당할 정도의 에너지밖에 없다. 공격적이 될 필요는 없다. 부당하게 다루어질 때 분노를 느낄 수도 있지만, 이는 자기 자신과 싸우는 일과는 다르다.

종양을 의인화해서 생각하지는 않았으나 종양을 시각화해보는 일은 도움이 된다고 느꼈다. 시각화는 암과 투쟁을 벌이는 일과는 아무 상관이 없다. 나는 의식적인 노력은 거의 하지 않으면서 머릿속에 종양의 이미지가 떠오르도록 한 다음 종양이 사라지는 모습을 그려봤다. 사실 종양보다 더 자주 시각화해본 것은 백혈구다. 몸이 정상일 때 백혈구는 몸이 계속 생산하는 암세포를 '죽인다'. 이런 백혈구의 모습을 상상해보곤 했지만 백혈구가 종양을 공격하는 이미지는 떠올린 적이 없다. 백혈구는 그저 절벽 위에서 망을 보고 있는 병사들의 윤곽으로 나타났다. 내 상상 속에서 백혈구는 고대 그리스 병사들의 모습이었다. 아마 내 백혈구 숫자가 마라톤 전투에서 싸운 그리스 병사들의 숫자를 떠올리게 했고, 또 달리기를 즐기는 나에게는 마라톤이라는 말이 특별한 의미를 지니기 때문이었을 것이다.

아프기 전에 마라톤을 하면서 몇 번이고 배웠던 교훈은, 먼 거리를 달리려면 힘들여 노력해야 하지만 그렇다고 마라톤이 싸움은 아니라는 것이었다. 싸우면서 뛰기에 42킬로미터는 너무 멀다. 재미 삼아 달리기를 하는 중년의 주자일 뿐이지만, 그래도 마라톤을 할 때 내 나름대로 요령이 있다면 그것은 바로 몸을 부드럽게 대하는 것이다. 할 수 있는 한 가장 부드럽게 자신을 다룰 때 달릴수록 몸에서 에너지가 솟아난다. 아주 멀리까지 달리면 전에는 존재하는지 몰랐던 에너지의 원천을 몸 안에서 느끼기도 한다. 몸은 어떻게 달릴지 이미 알고 있다. 연습해야 하는 것은 몸이 이미 알고 있는 대로 달리도록 놔두는 일이다.

암을 앓는 동안 나는 몸이 종양에 대해 하고 싶은 대로 하도록 놔두려 했다. 그리스 병사들과도 같은 내 백혈구가 지켜주고 있으니 괜찮았다. 종양은 홀로 존재하지 못한다. 얼굴도 없고 뚜렷한 모양도 없다. 흐늘흐늘하고 딱히 용도도 없으며 허약하다. 종양은 생존의 기반을 갖추고 있지 않다. '공격'할 필요도 없이 종양은 그냥 사라졌다. 종양은 불필요한, 여분의 덩어리였다. 내 삶은 다른 곳으로 이동해갈 준비가 돼 있었고, 계속 종양에 매달릴 시간은 없었다.

종양이 애초에 어떻게 생겨났을까, 자신에게 물어보긴 했다. 이런 식으로 사고하지 말라고 권하고 싶으며, 암이 그냥 생겼다고 여기는 것이 더 좋다고 본다. 하지만 당시엔 '왜 나일까?'라는 질문을 하지 않을 수 없었다. 그리고 이 질문은 과거에 무언가 잘못한 일이 있지 않은지 곱씹게 했다. 난소암이 있는 지인은 임신 중에 섭취한 입덧 치료제 때문에 암이 생겼다고 믿는다. 대부분의 사람과 달리 그녀는 '왜 나지?'라는 질문에 자신을 비난하지 않는 답을 찾아낼 수 있었다. 하지만 그녀처럼 직접적인 생리학상의 원인을 찾지 못한 이들이 '왜 나지?'라는 질문에 대답하려고 하면 죄책감을 느낄 수밖에 없다. 내가 어렸을 때 교회에서 배운 기도에는 "우리가 할 일을 하지 않고, 하지 말아야 할 일을 할 때"로 시작하는 부분이 있는데, 결정타는 그다음 구절이다. "우리 안에는 건강함이 없습니다." 아이의 머릿속에 집어넣기엔 지나치게 끔찍한 말이 아닐까. 아픈 사람은 이와 반대의 순서로 생각하면서 자책하기 쉽다. 내 안에 건강함이 없다면, 내가 무언가를 잘못한 것이거나 무언가를 안 한 것이다.

나는 자기 잘못을 자백하게 하는 이런 종류의 사고를 하면서 갖가지 일을 후회했다. 자신이 되고자 하는 인간이 되기 위해 지금껏 어떻게 살아왔는지 돌아보는 일은 물론 괜찮다. 하지만 어떤 일을 해서 혹은 하지 않아서 암이 생겼다고 믿는다면, 이는 서글픈 실수다. 내 결점이 너무도 엄청나서 암을 '하사'받게 되었다는 생각은 자만에 지나지 않는다.

암은 단지 신체 과정의 일부로, 나에게 '그냥 생겼다'. 가장 마음에 드는 설명은 상당히 의학적이다. 배아 발생기에 세포에서 일어나는 과정 중 일부가 잘못되어 암이 생긴다는 것이다. 어쩌면 내가 어떻게 살든 상관없이 고환암이 생길 수밖에 없도록 그 과정이 잘못되었던 것인지도 모른다. 어쩌면 시한폭탄처럼 이 세포 상의 결함이 어떤 스트레스나 바이러스가 작용해주길, 혹은 어떤 독소들이 아직 알려지지 않은 방식으로 결합하길 기다리고 있었던 것인지도 모른다. 언젠가 미래에는 내 몸에선 잘못된 채로 남았던 그 과정이 통제될 수도 있을 것이다. 또 언젠가는 정신이 질환의 치유와 몸의 치유 둘 다에 어떻게 미묘하고도 간접적으로 영향을 미치는가를 이해할 수도 있을 것이다. 하지만 현재 인간의 지식수준에서 내가 앓았던 종류의 암은 그냥 생긴다.

내가 어떤 일을 해서 암을 일으키지 않았지만, 그렇다고 병이 날 운명인 몸을 제비뽑기하듯 뽑은 것이 질병의 전부는 아니다. 암이 '내게' 일어날 때, 다른 사람이 아니라 바로 내게 일어날 때, 암은 더는 임의적이지 않다. 나라는 존재는 신체 과정이지만 또 의식이기도 해서, 의지와 역사를 가졌고 생각과 에너지를 집중할 수 있는 능력을 지녔다. 신체 과정과 의식은 서로 반대되지 않는다. 질병은 그 둘이 하나임을 가르친다. 정신은 몸에 일어나는 일에 의미를 부여하지만, 정신은 몸을 '통해서' 사고하며 또 몸의 일부이기도 하다. 정신은 단순히 암이 있는 몸 '안에서' 생각하는 것이 아니다. 암이 몸을 다시 빚어내면서 정신 또한 질환이 미치는 영향에 응답하며 변화한다. 통증을 겪으며 나는 몸에 사고를 변화시키는 능력이 있음을 알았다. 그리고 사고가 변화하면서 사고는 다시 통증을 변화시켰다. 몸과 정신은 이렇게 끊이지 않는 원을 그리며 순환한다.

질병은 신체 과정이자 경험이다. 이 둘은 서로를 빚어낸다. 신체 과정은 그냥 내게 일어났을 뿐이지만 경험은 내 책임이다. 마라톤에서 마지막 구간을 달릴 때 내 몸이 하는 일은 그저 일어날 뿐이지만, 이 일어나는 일은 몸을 특정한 방식으로 사용하겠다는 내 선택이 평생에 걸쳐 쌓여서 형성된다. 내 몸의 의지 안에서 나는 나 자신의 의지를 인식한다. 그리고 내 의지는 의식을 포함하고 있지만 의식을 넘어서는 것이다.

우리는 암이나 종양과 싸울 수 없다. 할 수 있는 일은 몸의 의지를 믿고 의학에서 최대한 많은 도움을 받는 것이 전부다. 우리는 수년 동안의 의식적인 행동을 통해 몸의 의지를 형성하지만 결국 일어날 일은 일어난다. 나는 우리가 건강할 수 있는 가능성으로 차 있다고 여전히 믿지만, 분명 우리는 언젠가 죽는다. 병이 났다고 죄책감을 느낄 만큼, 아니면 건강하다고 자랑스러워할 만큼 나는 전능하지 않다. 내가 할 수 있는 일은 오직, 벌어지는 일을 받아들이고 어떻게 살아갈지 계속 모색하는 것뿐이다.

'싸우지 않기'가 지니는 가치를 말하려면 다시 천사와 씨름하는 야곱의 이야기로 돌아가야 한다. 야곱의 이야기는 자기 영혼을 구하기 위해 싸우는 사람에 관한 것이지만, 이 싸움이 어떻게 진행되는지 세심히 살펴볼 필요가 있다. 내 생각에 야곱이 씨름하고 있는 상대는 바로 야곱 자신이다. 야곱 개인의 역사는 전혀 과장하지 않고도 파란만장하다고 할 수 있다. 형 에서가 마땅히 받아야 했던 아버지의 축복을 훔치는 일에서 시작해, 그다음엔 장인에게 속아 두 자매 중 원하지 않았던 여인과 혼인한다. 여러 번 속고 속이며 또 도망 다닌 후에 야곱은 마침내 혼자가 된다. 인생의 그 시점에서 야곱은 자신 안에 두 명의 자아가 있다고 생각했을지도 모른다. 선한 자아 그리고 형이 받을 축복을 훔쳤으며 뒤이어 여러 문제를 일으킨 '어둠의 자아'다. 이 어둠의 자아는 여러 미신에 등장하며 '트릭스터'*라고 불리는 인물이다. 야곱은 자신의 어느 면이 이길지 결정해야 한다. 신의 충직한 종이 이길지, 아니면 어둠의 자아인 트릭스터가 이길지.

야곱의 씨름은 고된 노력이지 싸움이 아니다. 야곱은 이기지만 자신의 어두운 면을 물리침으로써 이기는 것이 아니라, 자신이 겨루고 있는 자가 하나님의 얼굴을 하고 있다는 사실을 깨달음으로써 이긴다. 야곱은 상대를 패배시키지 않는다. 그 대신 상대 안에서 신성을 발견한다. 이 씨름 경기의 결과는 두 겹이다. 먼저 야곱은 부상을 당한다. "해가 솟아올라

---

* trickster. 여러 신화와 민담에 등장하여, 영리함과 지혜로 기존 질서와 권위를 비웃고 흔드는 존재다. 한국 설화의 예를 들자면 『토끼전』의 토끼 같은 인물이다.

서 그를 비추었다. 야곱은 엉덩이뼈가 어긋났으므로 절뚝거리며 걸었다." 또 야곱은 축복도 받는다. 예전에는 트릭스터가 되어 상을 훔쳤지만 이제는 신의 충직한 종으로서 상을 탄다. 하지만 아마 진정한 축복은 이제 이 두 인물이 하나가 되었다는 점일 것이다. 상처 입었지만 야곱은 온전해진다. 온전해진 야곱은 새로운 이름을 받는다.

질병은 다른 누군가에 맞서 벌이는 싸움이 아니라 길고 고된 노력이다. 어떤 사람은 살아남아서 승리하고, 어떤 사람은 죽어서 승리한다. 아픈 사람과 주위에서 지켜보는 사람들은 어떤 결과가 나오든 그 자체로 이미 온전하다는 사실을 믿어야 한다. 암에 맞서 싸우기보다는 암과 씨름해야 하며, 의지대로 되었는지보다는 이 '씨름'이 이미 온전하다는 믿음을 중요시해야 한다.

아프다는 것은 믿음과 의지 사이에 끊임없이 균형을 맞추는 일이다. 나는 이런 믿음의 특징을 야곱의 이야기에서 발견한다. 또 자신이 신의 의지라고 여기는 일을 하고자 하는, 구약성서에 실린 다른 인물들의 이야기에서도 발견한다. 내 식대로 설명하자면, 이 인물들에게는 자기 외부에 있는 어떤 의지가 그저 나타났을 뿐이다. 모세가 이집트에서 히브리인들을 이끌고 나가라는 명령을 받을 때, 아브라함이 이삭을 희생하라는 명령을 받을 때, 노아가 방주를 지으라는 명령을 받을 때, 이들은 이 나타난 의지를 받아들일 수밖에 없다. 이런 받아들임을 나는 믿음이라고 부른다. 하지만 믿음은 체념이 아니다. 받아들인 자들은 무언가를 해내야 한다. 야곱은 자신의 것이기도 하고 아니기도 한 이 역설적인 의지와 온 힘을 다해 씨름한다. 야곱은 어둠의 자아 또한 신의 얼굴을 하고 있음을 알게 되며, 이 역설을 발견함으로써 그는 온전해진다.

질환은 신이 보낸 메시지가 아니고, 질병은 믿음을 증명해야 하는 시험이 아니다. 이런 관념은 질병을 둘러싼 신화 중에서도 위험하다. 그러나 신화는 기회를 보여주기도 한다. 기회는, 질병은 그저 생길 뿐이지만 삶을 의미 깊게 만드는 방향으로 우리가 질병 경험을 엮어낼 수 있음을 깨닫는 데 있다. 믿음을 가질 때 어떤 일이 일어나든 그대로 받아들일 수 있으며, 의지를 가질 때 바라는 대로 변화를 일으킬 수 있다. 우리는 믿음과 의지 둘 다를 가질 수 있다. 따라서 나는 질병을 몸의 뜻에 맡기는 동시에 의학의 도움을 구하는 일이 모순되지 않는다고 생각한다. 가장 깊은 믿음은 가장 적극적이다. 우리는 싸우지 않을 때 가장 잘 싸운다.

암과 낙인

암이 있다고 사람들에게 말할 때마다 몸이 굳는다고 느꼈다. '암'이라는 단어를 말하면서 내 몸은 자신을 방어했다. 내게 심장 문제가 있다고 말할 때는 없던 일이다. 심장마비는 나쁜 소식일 뿐이었다. 반면 암은 달라서, 한 인간으로서 내가 갖는 가치와 암이 상관있는 것처럼 보인다는 생각을 멈출 수가 없었다. 이 차이가 바로 낙인이다. 낙인이란 말 그대로 몸 표면에 존재하는 표지로, 그 몸이 위험하고 죄를 지었으며 정결하지 않다고 표시한다. 낙인의 시작은 사법적 처벌이었다. 옛날엔 귀 일부를 자르거나, 불로 지져 흉터를 남기거나, 기타 방법을 사용해 눈에 보이도록 몸을 훼손했다. 이런 상처를 보고 사람들은 누가 낙인찍힌 사람인지 알 수 있었다.

낙인이 찍힌 사람은 사회의 주변부로 숨어들어 자신의 훼손된 몸을 감춰야 했다. 이제 낙인이 찍히는 이유는 변했지만 숨어야 한다는 사실은 변하지 않았다.

심장마비는 몸을 손상했지만 낙인을 찍지는 않았다. 나는 같은 나잇대의 남성에겐 별것 아닌 일을 하다가 숨이 차곤 했는데, 불편하고 당황스러웠지만 낙인이 찍히는 일은 아니었다. 손상된 몸은 제대로 기능하는 데 실패할 뿐이나 낙인이 찍힌 몸은 주변을 오염한다. 심장에 이상이 있던 동안엔 몇몇 활동을 할 수 없었을 뿐이다. 반면 암을 앓을 땐 사람들 사이에 있을 자격이 없는 것처럼 느꼈다. 입원이라면 질색했지만, 적어도 병원에서는 내가 속해 있다는 느낌을 받았다. 바보 같은 소리인 줄 안다. 나는 병원에 속해 있던 것이 아니라 그곳에 숨어 있었다. 아픈 사람들은 여러 방식으로 숨는다. 어떤 이들은 암cancer을 '시 에이c.a.'라든지 '대문자 시C' 등의 완곡한 표현을 써서 말하기 시작한다. 나는 그냥 암이라고 불렀지만, 그래도 암이라는 말을 할 때 몸이 굳었다.

심장마비는 몸 표면에서는 보이지 않는다. 자신에게도, 또 다른 사람에게도 나는 다르게 보이지 않았다. 하지만 암은 몸에 입고 있는 것과도 같다. 내 경우에 눈에 보이는 낙인은 탈모와 중심정맥관이었다. 도관 때문에 가슴 부분이 튀어나왔다. 그래도 감출 수는 있었다. 매일 옷을 입으며 은폐를 연습했다. 두껍고 헐렁한 셔츠를 입었고 그 위에 또 헐렁한 스웨터를 입었다. 스웨터 아래 넥타이가 가슴 부분을 약간 가려줬고 넉넉한 재킷이 몸 윤곽을 조금 더 지웠다. 물론 왜 내가 도관을 다른 사람들이 눈치 채지 못하게 숨기고 싶어 했느냐는 질문이 나올 수밖에 없다. 서글픈 답은, 눈에 보이는 암의 표지를 내가 겉모습의 결점일 뿐 아니라 나라는 사람의 결점으로 경험했다는 것이다.

눈에 잘 띄며 사람들이 가장 흔히 연상하는 암의 징후는 머리칼이 빠지는 것이다. 탈모증, 말하자면 대머리는 암 자체 때문이 아니라 화학요법 치료 때문에 생긴다. 모낭, 장 내벽, 잇몸을 이루는 세포는 암세포와 마찬가지로 급속하게 분화하는데, 화학요법은 세포를 정밀하게 구분해서 죽이지 않고 이런 부위의 세포도 함께 파괴하기 때문에 부작용이 나타난다. 대머리가 된다는 것은 화학요법 치료가 잘되어가고 있다는 뜻이라는 속설이 완전히 허튼소리는 아닌 것이다. 이 사실을 알고는 있었지만, 머리칼이 빠질 때 환호할 수는 없었다.

첫 번째 화학요법 치료를 받고 며칠 후부터 탈모가 시작됐다. 처음엔 머릿결이 안 좋아지더니 얇아졌고, 좀 더 후엔 머리를 감으면 옆머리가 빠졌다. 모호크족처럼 머리 한가운데에만 머리카락이 듬성듬성 남았다. 다가오는 핼러윈데이에 탈모 된 머리를 이용해서 펑크록 분장을 해볼까 하는 장난기를 억눌러야 했다.

가능한 한 오래 머리카락을 가지고 있으려 애쓰는 환자들도 있다. 나는 머리칼이 듬성듬성 있는 것보단 아예 없는 게 나아 보인다고 생각했다. 뜨거운 물로 씻으면 머리가 더 많이 빠지기 때문에 샤워할 때마다 욕조와 배수구를 청소하는 일이 지겹기도 했다. 그리하여 아내가 내 남은 머리를 전부 다 미는, 진정 사랑에서 나온 노동을 해주었다. 머리 밀기는 내가 질병의 다른 단계로 넘어갔다고 표지를 남기는 일이었고, 또 슬픈 일이기도 했다. 머리카락을 잃는 일은 애도되어야 한다. 더는 젊지 않은 자신과 다시 한 번 헤어지는 일이기 때문이다.

내 나이에 완전히 대머리가 되는 일이 흔치는 않지만 대머리 자체가 낙인은 아니다. 탈모가 인생에서 엄청난 문제라고 생각해본 적은 없었으나, 그래도 머리카락이 한꺼번에 없어지는 경험은 상처가 됐다. 내 나이와 성별 때문에 상처를 덜받은 것일 텐데도 그랬다. 여성이나 젊은 남성에게 머리카락이 없어지는 일은 내 경험과는 다르겠지만, 완전히 다르지는 않을 것이다. 나는 탈모 자체보다 탈모가 의미하는 바에 더 신경이 쓰였다. 암은 대머리를 낙인으로 만들었다. 사람들이 나를 암의 '희생자'로 볼 것 같았다. 탈모는 수동적인 희생자, 환자, 병자를 뜻했다. 평소에 가발로 탈모를 감추는 여성 환자라도 이런 낙인을 느낄 텐데, 가발을 쓰는 이유가 바로 낙인을 피하기 위해서일 것이기 때문이다.

머리카락이 없어진 후 첫 일주일 동안 신체는 불편했고 감정은 힘들었다. 이제 막 대머리가 된 머리는 접촉과 한기에 극도로 민감했다. 직접적인 접촉에 노출된 적이 없었던 두피에는 베갯잇마저 거칠게 느껴져서 그 대신 부드러운 수건을 베고 자야 했다. 집 안으로 들어오는 바람은 여느 때와 같았지만 나는 풍동風洞 실험실 안에 들어가 있는 것처럼 느꼈다. 며칠이 지나자 이런 몸의 불편함은 사라졌지만 낙인은 계속 남았다.

모자를 쓰기로 했다. 우선은 보온을 위해서였다. 그해 11월은 추웠고, 덕분에 짧은 머리카락이라도 있으면 얼마나 따뜻한지 알게 됐다. 하지만 모자를 쓴 것은 다른 사람들에게 시간을 주기 위해서이기도 했다. 사람들은 내 옆머리가 없는 모습을 본 다음, 머리칼이 아예 없다는 것을 눈치채고는 자기 반응을 수정할 수 있었다. 모자를 점점 좋아하게 되기도 했지만 모자가 사람들에게서 나를 보호해주기 때문에 필요했다. 낙인찍힌 사람들은 어두운 공상을 하곤 하는데, 나도 그랬다. 어느 때고, 어디에서라도, 누군가가 내게 머리카락이 없는 것을 보고는 '세상에, 암인가 봐!'라고 소리 지를까 봐 두려웠다. 지금 와서 생각해보면 다른 누군가가 아니라 바로 내가 그 소리 지르고 있는 사람이었다.

시간이 지나면서 점점 자주 모자를 벗었다. 처음엔 사무실 근처에서 모자를 벗은 채로 지냈고, 나중엔 공연장 같은 데서도 벗고 있었다. 하지만 화학요법 치료가 끝날 때까지 낙인이 찍힌 것 같다는 감각은 늘 있었다. 몸이 나아지고 있음을 확신하게 되면서 자의식은 사라졌다. 실제로 누군가가 내 대머리를 두고 이야기하는 것을 들은 적은 화학요법 치료가 끝나고 6주 후에 딱 한 번이었다. 머리가 거뭇거뭇 나기 시작했을 때였는데, 어딘가에서 줄을 서 있던 중에 한 여성이 자기 아이에게 말하는 소리를 들었다. 아이 엄마는 내가 아마 군인인가 보다고, 군인은 머리를 아주 짧게 깎는다고 말했다. 나는 혼자 미소 지었다. 그때쯤 대머리는 머리카락이 없는 것일 뿐이었다. 병이 차도를 보이고 더는 암 환자가 아니게 되면서 낙인의 원인은 사라졌다. 가시적인 징후는 예전의 의미를 잃었다. 나는 대머리인 중년의 대학교수일 뿐이었고,

나를 막 입대한 신병으로 봐주는 사람까지 있었다.

집중적으로 치료를 받는 동안에는 낙인이 찍혔다는 느낌에서 벗어날 수가 없었다. 통증이 심했던 때와 마찬가지로 낙인은 내가 그 문제를 풀기 전에 끝났다. 돌아보면, 내가 혼자 풀 수 있었을 것 같지 않다. 다른 사람들이 가진 암에 대한 공포가 오로지 그 사람들의 문제일 뿐이라고 생각할 수 있다면 물론 좋은 일이다. 하지만 이 생각은 낙인을 느끼는 이들에게는 거의 위로가 안 된다. 마음을 굳게 먹고 견디라는 말은 이미 잘 견디고 있는 사람에게나 효과가 있다.

암이 아픈 사람의 결점을 나타내는 징후라는 생각은 쉬이 사라지지 않는다. 사회는 미묘한 방식으로 매일 이런 관념을 주입한다. 최근 신문에는 윈스턴 담배 회사의 광고 모델이었던 한 남성의 이야기가 실렸다. '윈스턴 맨'으로 강한 남자 이미지를 보여주던 이 사람은 담배를 끊었으며 현재는 담배 규제 단체에서 일한다. 변화의 계기는 형이 폐암에 걸려서였다. 기사에서 그가 병원에 있는 형을 문병하러 갔을 때 이 방문은 그곳의 "머리카락이 없는 사람들"을 보는 것으로만 묘사된다. 암이 가져오는 상실, 고통, 공포는 가장 눈에 잘 띄는 상징인 탈모로 축소된다. 물론 고통과 죽음을 상상하기는 쉽지 않은 반면 머리카락이 빠지는 일은 바로 이해할 수 있기 때문인지도 모른다. 암 경험 전체는 너무도 압도적이지만 탈모는 우리가 이해할 수 있는 암의 일부인 것이다.

이 신문기사는 탈모에 따라붙는 낙인을 미묘한 방식으로 다시 불러낸다. 기사의 이야기는 자발적인 행동인 흡연을 암에 연결하고, 암을 드러내는 주요한 징후는 탈모다. 잘못된 행동이 질환을 낳았다는 것으로, 여기서 질환은 눈에 보이는 징후로 축소된다. 나는 그 전직 모델 남성이 훌륭한 일을 하고 있다고 생각하며, 금연을 권장하는 기사의 메시지를 지지한다. 하지만 결국 남는 것은 불운한 사람이 등장하는 도덕적 우화다. 암에 걸린 형을 지켜봄으로써 흡연이 불러올 천벌에서 구원받는다는 이야기는 마치 찰스 디킨스의 『크리스마스 캐럴』을 건강 증진 캠페인을 위해 고쳐 쓴 것 같다. 암에 걸린 형이 바로 말리의 유령이고, 이 유령이 윈스턴 맨에게 변하지 않으면 자기처럼 된다고 말하는 것이다. 귀에 상처를 내어 낙인을 만들던 시대 이래로 낙인은 도덕성이 몸 상태로 표현된다는 관념에서 힘을 얻어왔다. 그리고 이러한 도덕성과 몸의 연결은 우리의 사고 안에 끈질기게 남아 있다.

윈스턴 맨을 다룬 이 기사는 사회가 어떻게 낙인을 만드는지 보여준다. 현재 가장 가혹한 낙인이 붙은 병은 에이즈로, 에이즈가 있는 사람들은 사회가 어떻게 개인에게 낙인을 찍는지 이해한다. 나는 아픈 사람들 모두가, 그리고 특히 암이 있는 사람들이 에이즈가 있는 사람들에게서 배울 게 많다고 생각한다. 에이즈가 있는 사람 중에는 동성애자 권리 운동에 적극적으로 참여했던 이들이 많고, 그래서 이 사람들은 질환을 대하는 사회의 반응이 정치적인 문제라는 사실을 안다. 환자, 희생자, 병자라는 말 대신 "에이즈가 있는 사람persons with AIDS"이라고 불러야 한다고 주장한 사람들이 바로 이 집단이다. 이렇게 언어를 변화시켰다는 것은 자신을 수동적인 대상이 아니라 능동적인 주체로 보는 변화가 있었다는 뜻이다. 그리하여 나도, 집중적으로 치료를 받으면서 다른 시기보다 더 '환자'로 존재할 때를 제외하고는 "암이 있는 사람"이라는 말을 쓴다. 암이 있는 사람은 때에 따라 환자일 수도 있고 희생자(가령 암을 유발하는 약물의 희생자)일 수도 있고 병자일 수도 있다. 하지만 자신을 어떻게 부르든 혹은 자신이 어떻게 불리든 가장 중요한 점은, 암이 있는 사람이 여전히 한 인간이라는 것, 능동적으로 자신의 삶을 살아가는 한 인간이라는 것이다.

낙인에 저항하는 데는 개인의 의지 이상이 필요하다. 낙인을 찍는 사람의 문제일 뿐이라고 대수롭지 않게 넘길 수 없다면, 아픈 사람들은 자신들을 조직해야 한다. 홀로 낙인을 참고 견디기는 어렵지만 한 집단이 되면 굳게 버틸 수 있다. 문제는, 아픈 사람들이 뭉치고자 할 때 의료 기관이 지지하지 않는 경우가 많다는 것이다. 어떤 암센터에서는 외래환자가 자조 모임에 참여하는 일을 제한하거나 금지해서, 자신이 어떤 지원을 받을 수 있는지 모르는 채로 남는 환자들도 있다. 아픈 사람들이 뭉쳐서 만든 조직은 종종 치료와 관련된 문제를 정치적인 문제라고 주장하면서 병원 입장에서는 듣고 싶지 않은 요구를 한다. 의료 기관들은 환자가 자신을 고립되어 있다고 생각하고 그래서 수동적일 때 다루기 쉽다는 사실을 안다. 사회는 건강에 집착하면서도 아픈 사람들을 사회의 주변부에 밀어두고 가능한 한 눈에 띄지 않게 해두고 싶어 한다. 그리고 낙인이 찍힐 때 사람들은 자신을 숨긴다.

암에 걸리면 몸에 끔찍한 일들이 생길 수 있지만 다른 질환도 마찬가지다. 문화사 학자들은 적어도 한 세기 동안 암은 북미 사람들이 가장 두려워하는 질환이었다고 말한다. 실제 암 발생률이나 치사율, 혹은 암이 유발하는 육체적 고통은 이런 두려움의 일부만을 설명할 뿐이다. 암을 그렇게나 무서운 병으로 만드는 것은 질환 자체가 아니라 사회다. 질환의 이름을 말하기조차 꺼리는 문화 안엔 분명 특별한 공포가 있는 것이다. 심장마비heart attack를 '에이치 에이h.a.'라고 부르는 사람은 없다. 오직 암만이 이름을 부르면 나타나는 잔혹한 신인 양 신화화된다. 암이라는 이름이 입에 담을 수 없는 정도라면 암이 있는 사람의 존재는 얼마나 흉한 일을 불러올 수 있다고 여겨지는 것일까? 신문기사라든지 정치인의 발언에서 암은 일어날 수 있는 최악의 일을 상징하는 말로 사용된다. 그렇다면 암으로 아픈 사람은 이 끔찍한 일을 몸에 지닌 사람이 된다. 내가 가슴의 도관을 코트로 감추려 노력했던 것처럼 암이 있는 사람들은 자기 병을 숨기고 싶어 한다. 살면서 그때처럼 눈에 띄지 않기 위해 노력한 적이 없다.

낙인찍혔다는 느낌에서 벗어나려면 암이 있는 사람들은 사회의 주변에서 나와서 다른 사람들의 눈앞에 나타나야 한다. 가시적이 되는 방법 중 하나는 아픈 사람들이 모여 조직을 만드는 것이다. 나는 이 책 또한 가시성에 기여하길 소망한다. 암 경험을 숨기지 않고 증언하길 배울 때만 낙인을 넘어설 수 있다. 암을 감추고 숨기고 완곡하게 지칭하는 모든 행동은 낙인이 실재하며 암으로 아픈 사람들이 낙인찍힐 만하다고 다시 한 번 못 박을 뿐이다. 줄 서 있던 여성이 내 머리를 두고 자기 아이에게 하는 말을 들었을 때 나는 미소 지을 수 있었고, 이것은 개인적 승리였다. 만일 내가 다가가 "아뇨, 사실은 암에서 회복 중이에요. 하지만 괜찮습니다. 암은 병

일 뿐이고, 인간들은 다 병에 걸리니까요"라고 말할 수 있었
다면, 이것은 사회적 승리였을 것이고 낙인의 악순환을 깨뜨
렸을 것이다.

질병을 부정하는 사람들, 인정하는 사람들

암을 앓던 시기에 주위 사람들은 크게 다르게 행동하지 않았
다. 평소의 성향이 더 두드러졌을 뿐이다. 잘 공감하는 이들
은 더 다정해졌고, 관대한 이들은 더 후해졌다. 관계가 껄끄
러웠던 이들은 더 방어적이 됐고, 괴롭히던 이들은 더 괴롭
혔고, 언제나 바빴던 이들은 여전히 바빴다. 힘을 줄 거라고
기대했지만 내가 아프다는 사실 자체를 부정한 이들도 있다.
특히 의료진은 내가 한 인간임을 부정하고 나를 질환으로 봤
다. 반면 어떤 이들은 내가 아프며 아픈 것은 사소한 일이 아
니라고 인정해줬고, 우리 관계가 변함없을 것이라는 확신도
줬다. 사람들이 부정하거나 인정하는 바로 그 순간에는 무
슨 일이 일어나고 있는지 미처 깨닫지 못하기도 했다. 부정

은 미묘하게 이루어질 수도 있어서, 누군가와 함께 있으면서 기분이 안 좋아졌는데 왜인지는 확실히 알지 못했던 때도 있다.

한편 내가 평소 주위 사람에게 행동하는 방식이 아픈 동안 더 두드러지기도 했다. 사람들이 절실히 필요한 때였지만, 낙인이 찍힌 듯 느끼면서 사람을 대하는 데 조심스러워졌다. 어느 날엔 스스럼없이 대하다가 다음 날엔 멀어졌다. 내가 이렇게 행동했기 때문에 주변 사람들은 더 과장되게 반응했고, 나 또한 그들의 행동을 머릿속에서 한층 더 과장해서 받아들였다. 가장 튼튼했던 관계조차 힘들어졌다. 아픈 사람은 질병을 겪는 동안 다른 사람들을 바로 이렇게 경험한다. 미묘하게 부정당하고 어렵게 인정받는다.

가장 미묘한 부정은 암 자체를 부정하는 것인지도 모른다. 어느 날 간호사 한 명이 우리 부부에게 관심을 보였을 때 반가운 마음이 들었지만, 곧이어 그녀는 캐시에게 "오, 어머니도 시 에이c.a. 때문에 돌아가셨다고요"라고 말했다. 누군가가 또다시 암이라는 말이 너무 무서워서 입에 담기를 거부한 것이다. 그 간호사는 분명 우리의 마음이 상하지 않게 신경 쓰고 있다고 생각했을 것이다. 간호사들은 '환자의 마음을 불편하게 만들지 않기'에 아주 열심이니까. 하지만 정말로 그래서라면 왜 마음이 불편해질 환자가 곁에 없을 때도 간호사들끼리 이 완곡한 표현을 쓰는 걸까? 캐시와 나 둘 다 병원의 '전문가' 측에서 일해본 적이 있고, 그래서 간호사들이 암에 관해 말하는 방식은, 혹은 말하지 않는 방식은 환자가 주변에 있는지와 상관이 없다는 사실을 잘 알고 있다.

간호사가 어떤 이유로 '시 에이'라고 말했든 내가 그 말을 '부정'으로 경험했다는 점이 더 중요하다. 그때 나는 암이 재발한 것이 아닌지 두려워하며 검사를 받으려고 기다리던 중이었다. 암을 환영할 수는 없었지만, 만일 암이 다시 생겼다고 해도 나는 계속 살아갈 것이라고 온 힘을 끌어모아 다짐하고 있었다. 그런 때 간호사가 '암'이라는 말을 하길 거부한 것이다. 이 완곡한 표현은 지금 내 몸에 일어나고 있을지도 모르는 어떤 일이 너무 끔찍해서 원래 이름으로 부르지도 못하겠다는 뜻 같았다. 내 안에 있을지도 모르는 병이 갑자기 부끄러워졌다. 암이라는 단어를 말하지 않음으로써 암이 있는 사람인 나도 말하지 못하게 된 것이다. 예전에 어느 간호사가 나를 '53호 정상피종 환자'라고 불렀다는 이야기를 캐시에게서 들었을 때도 똑같이 입을 다물어야 할 것처럼 느꼈다. 당시의 간호사는 내가 질환 이상의 존재임을 부정했다. 그리고 이제는 그 질환마저 입에 담을 수 없는 것이 되었다.

간호사의 '시 에이'라는 말 속에서 나는 사라졌다.

나아가 고통도 부정된다. 치료 제공자들은 표현해도 괜찮은 감정이 어떤 것인지 환자에게 암시를 주고, 환자들은 의료진에게 의존하고 있으므로 암시를 받아들이곤 한다. 간호사와 의사들이 환자의 고통을 '훨씬 더 상태가 좋지 않은' 다른 누군가의 고통과 비교할 때, 환자는 자신의 경험을 부정하라는 신호를 받는다. 각 개인의 경험이 갖는 고유성은 부정된다. 상실, 몸 손상, 통증이 비교되면서 각 개인의 고통을 측정할 수 있는 기준이 나타난다. '최악의 경우'인 환자의 고통과 비교될 때 한 사람의 경험은 가치가 떨어진다. 이런 논리를 따라가면, 처음에는 병원 안에서 **최악의** 상황에 있는 사람과 비교되다가 나중에는 전 세계에서 **최악의** 상황에 있는 사람과 비교될 수도 있을 것이고, 최악의 상황에 있는 이 한 사람에게만 불편이라든지 불행, 공포, 아니면 기타 '부정적인' 감정을 표현할 자격이 있게 될 것이다.

아픈 사람들은 이보다 나은 대접을 받아야 한다. 나의 고통은 다른 사람의 고통과 비교될 수 없다. 내 고통은 있는 그대로 목격될 수 있을 뿐이다. 내가 다른 암 환자들과 이야기를 나눌 때 우리는 구역질의 빈도, 탈모의 지속 기간, 흉터의 크기를 비교하지 않는다. 암이 있는 사람들은 서로의 경험을 존중한다. 이들은 암에 걸린다는 것이 사소한 일이 아님을 인정한다.

한 환자를 다른 환자와 비교하는 의료인들은, 자신이 신체적 고통을 줄여줄 수 없다면 전문가로서 실패한 것이라는 믿음 안에 갇혀 있다. 고통이 계속될 때 이들은 위협을 느끼며, 그래서 계속되는 고통이 존재한다는 사실을 부정한다. 자신이 치료할 수 없는 무엇을 환자가 경험해서는 안 된다는 식이다. 더는 치료를 할 수 없는 때라도 여전히 돌볼 수는 있지만, 이 사실을 의사와 간호사들은 자주 잊는다. 고통이 치료될 수 있느냐와는 상관없이 고통을 있는 그대로 인정하는 일, 그것이 바로 돌봄이다.

전문가들은 돌볼 수 있으며, 또 분명 돌보는 전문가도 있다. 하지만 어느 의료인이 정말로 돌볼 때 이 사람은 '다소 전문가답지 않은' 행동을 한다고 여겨진다. 병 진단이 확실하게 나오지 않았던 시기에 나와 이런저런 이야기를 나누며 시간을 보내곤 했던 전공의 한 명이 있었다. 우리의 대화는 치료와는 관계가 없었다. 그는 내가 무엇을 두려워하는지 이야기를 들어줬고 자신의 공포에 대해서도 말했다. 이후 이 전공의를 지도하던 의사가 충고하길, 일단 증상과 병력을 뽑아낸 다음 환자와 그 이상의 이야기를 나누는 일은 비생산적이라고 말했다고 한다. 슬프게도 '전문가답다'는 것의 기준은 돌볼 기회를 부정할 때가 많다.

내 수술을 집도할 외과의는 경험 많은 전문가였는데, 계획하고 있는 수술이 자세히 어떤 것인지, 이 수술 외에 어떤 대안들이 있는지 제대로 말해주질 않았다(결국 이 수술을 하지는 않았고, 했다면 불필요한 수술이었을 것이다). 수술동의서에 서명하길 거부하고 나서야 설명을 들을 수 있었다. 사실상 나는 그의 부정을 부정한 것이다. 그러고 나서 우리는 긴 대화를 나눴다. 이 의사의 지식과 경험은 내게 도움이 되었지만, 환자가 가진 유일한 무기로 그를 내리친 후에야 도움을 받을 수 있었다. 혹은 많은 것이 뒤틀려 있는 세계인 병원 안에서, 내가 동의서에 서명하지 않았기 때문에 그 의사는 원하긴 했지만 정당화할 수 없었던 환자와의 만남을 가질 수 있었던 것인지도 모른다.

아픈 사람이 당하는 부정은 치료를 시작한 이후에도 계속된다. 우리 대부분이 일하는 공적인 조직들은, 인간에게 몸이 있으며 살아가기 위해서는 자기 몸을 돌봐야 한다는 사실을 부정한다. 조직은 몸을 살아온 역사가 있는 삶으로 보지 않으며 생산의 자원으로만 사고한다. 따라서 조직에서 아픈 사람이 받는 공감에는 한계가 있다. 치료를 집중적으로 받는 동안 직장 사람들은 정말 세심하게 배려해줬다. 내 상태가 매우 안 좋았을 때는 다른 선생들이 수업을 대신할 수 있게 조정해줬고, 학과에서는 병실로 꽃도 보내줬다. 동료들은 걱정하는 마음을 내보였다.

하지만 치료가 끝나자마자 조직의 또 다른 얼굴이 나타났다. 나를 배려하고 걱정해준 바로 그 사람들 중 일부가 내가 일을 했어야 했다고 말하기 시작한 것이다. 아팠다는 사실은 고려되지 않았다. 교수 연례평가서에서 내가 아팠던 시기는 "학문적 생산성이 부족"했다고 기술되었고, 나는 보고서를 쓴 평가위원에게 질병 때문에 그랬던 것이라고 짚어줘야 했다. 하지만 조직의 관점에서 질병은 중요치 않다. 임신이나 아픈 사람을 돌보는 일도 마찬가지다. 삶이 '커리어'로 이해될 때 이력서는 몸이 연장된 것이 되고, 이력서상의 빈틈은 조직에서는 낙인과 같다. 사람들 대부분은 직장에 다녀야 하므로, 아픈 사람이 '생산성'을 자신의 가치를 재는 척도로 받아들이지 않기란 어렵다.

이러한 모든 경험에서 사람들은 내가 겪고 있던 일이나 겪어왔던 일을 부정했고, 부정하지 않은 단 한 명의 의사는 부정했어야 했다고 충고를 들었다. 이렇게 부정당하다 보면 슬프게도 아픈 사람은 결국 자신의 질환이나 고통, 낮은 생산성에 죄책감을 느끼게 된다.

　최악의 부정은 아픈 사람의 삶에서 친구나 친척이 그냥 사라지는 것이다. 이런 사람들은 연락을 끊어버림으로써 아픈 사람에게 무언가 특별한 일이 일어나고 있음을 통째로 부정하거나 아픈 사람의 존재 자체를 부정한다. 어느 쪽이든 이런 종류의 부정은 사람을 진정 황폐하게 만들 수 있다. 내가 암을 앓는 동안 왜 우리 부부의 삶에서 사라져버렸냐고 묻는다면 이 사람들은 바빴다고 할지도 모르고, 우리를 귀찮게 하고 싶지 않았다고 할지도 모르고, 또 뭔가가 필요하면 우리가 연락할 것임을 '알고 있었다'고 말할지도 모른다. 하지만 캐시와 나에게 필요했던 것은 염려하고 있다는 말이었다. 이런 사람들은 자기 행동이 아픈 사람과 아픈 사람을 걱정하는 이들에게 어떻게 보이는지 모른다. 화학요법 치료를 막 받은 참이었던 그해 크리스마스에 소박한 가족 모임이 있었다. 여전히 너무 약한 상태라서 일어나 손님들 사이를 돌 수가 없었다. 그리고 어떤 사람이 그 자리에 왔다. 전에는 가까운 사이라고 생각했지만 아픈 동안 단 한 번도 연락하지 않은 사람이었다. 그는 내가 앉아 있는 곳으로 오지 않았고 내 쪽을 보지 않으려 애썼다. 몸을 일으켜 그 사람에게 가보기엔 너무 쇠약한 상태였다. 혹은 너무 피곤했다. 아니면 지금 드는 생각으론, 당시 나는 그가 내 쪽으로 와야 한다고 여긴 것 같다.

어느 친척은 아픈 동안 캐시와 나의 삶에서 사라져버린 몇몇 사람의 행동을 변호해주려고 했다. 그들이 "멀리서 조용히 걱정했다"는 것이다. 사람들이 암을 마주하길 어려워한다는 사실을 알지만, 아픈 사람과 돌보는 사람 측에서 보면 '조용히 걱정'하는 일은 차라리 하지 않는 게 낫다. 멀리 떨어져 있다는 것 자체가 암이라는 질병을 다시 한 번 부정하는 일로 느껴진다. 내가 정말 위중한 상태가 된다면 의사들이 다르게 행동하길 바랐듯이, 나는 가족과 친구들에게 조금 더 많이 기대했다. 기대가 언제나 충족되지는 않았다. 관대했던 사람들은 더 너그러워졌지만 바빴던 사람들은 계속 너무 바빴다.

내 경험을 가장 잘 인정해준 이들은 자신도 중병을 앓은 적이 있거나 가까운 이가 중병 경험이 있는 사람일 때가 많았다. 꼭 특정한 경험을 주제로 삼아서 오래 이야기를 나누지 않아도, 이런 친구들은 나를 똑바로 봐주고 자신이 본 것을 받아들인다는 느낌이 들었다. 내 기운을 북돋우려 애쓰지 않았지만 함께 있으면 기분이 나아졌다. 인간의 고통은 고통을 함께 나눌 때 견딜 만해진다. 누군가가 우리의 고통을 인정한다는 사실을 알 때 우리는 고통을 보낼 수 있다. 고통을 알아봐주면 고통은 줄어든다. 이 힘은 설명될 수 없지만 인간의 본성 같다.

아픈 사람의 경험을 인정하는 방식은 여러 가지다. 친구들은 전화를 하고, 음식을 가져오고, 카드를 보내고, 캐시를 데리고 나가 점심을 사줬다. 우리 부부에겐 이런 친구들이 필요했다. 이들은 우리가 여전히 존재하며 우리에게 필요한 것들이 있다는 사실을 인정해줬다. 여기서 '우리'라고 썼는데, 사람들이 인정하거나 부정하면서 한 행동은 나를 향한 것이든 캐시를 향한 것이든 우리 부부에게 똑같이 영향을 미쳤기 때문이다.

나를 계속 돌봐준 아내 캐시의 인정은 내게 가장 중요했다. 암 진단이 확실해지자 캐시는 나를 감싸 안고는 살아남아야 한다고, 자신의 삶에는 내 삶이 필요하다고 말했다. 나는 캐시에게서 힘을 얻으며 결국 생존했지만 그녀는 희생을 치렀다. 우리 사회는 아픈 사람을 돌보는 사람에게 너무 많은 짐을 지운다. 누군가는 환자를 병원에 데려가고 약을 타 와야 한다. 친구와 가족들에게 소식을 알리고, 집을 치우고 장을 보고, 아픈 사람의 직장에 연락하고, 집에서 붕대를 갈거나 기타 처치를 하고, 병원에서는 유쾌하고 다정한 문병객 역할을 하고, 자동차 엔진오일을 교환하고, 약물 때문에 정신없는 환자 대신 의사에게 질문해야 한다. 언젠가는 화학요법 치료를 받는 중에 간호사가 정맥 주입 펌프를 잘못 설정해둔 것을 캐시가 발견한 적도 있다. 펌프가 약물이 아니라 혈액을 끌어올리게 되어 있었던 것이다. 이렇게, 돌보는 사람이 책임져야 하는 일엔 끝이 없다.

그럼에도 사회 일반은 돌보는 사람을 인정하거나 뒷받침하지 않으며, 병원도 마찬가지다. 병원의 공간과 일정은 질환 치료를 위해서만 설계되어 있어서 돌보는 사람을 배려하지 않는다. 질병이 삶을 갈가리 찢는 동안 관계들을 지탱하려 노력하는 사람이 바로 이들인데도 그렇다. 보조해줄 사람이 필요할 때 의료진은 돌보는 사람이 대기하고 있기를 기대한다. 이 역할을 해줄 수 없는 그 밖의 사람은 문병객일 뿐이다. 병원은 질환이 있는 당사자만 아픈 사람이라고 가정한다. 또 기타 사회조직도, 때로는 가족이나 친구들까지도 똑같이 가정한다. 하지만 아픈 사람과 돌보는 사람은 질병을 함께 경험한다. 각자 다른 식으로 경험하지만 결코 어느 한쪽이 '덜' 경험하지는 않는다.

병의 초기, 거울을 들여다보며 앞으로 내가 잃게 될 모든 것을 생각했던 어느 밤을 기억한다. 하지만 나는, 또 우리 부부는, 아내가 나보다 더 많은 것을 잃을지도 모른다고는 생각하지 못했다. 위중한 질병을 앓아본 적이 없는 사람들은 돌보는 사람이 감당하는 위험과 상실을 잘 모른다. 병가라는 것이 있어서 나는 자리를 비워도 이유를 댈 수 있었던 반면, 캐시에게 할 일은 많이 늘어났지만 변명거리는 없었다. 나를 돌보고 어머니도 돌본다며 캐시를 칭찬하던 동료들이 나중에는 그녀가 "진짜로 해야 할 일"이 있으니 일정에 맞춰달라고 요구하기도 했다. 다른 사람을 돌보는 것은 '진짜' 일이 아니었다. 아픈 사람은 시간을 '허비'한 것이고, 그 결과 지위를 포기할 수밖에 없다. 돌보는 사람은 아픈 사람에게 시간과 에너지를 쏟아야 하는 노고를 자진해서 떠맡는다. 사회는 돌봄을 제대로 인정하지 않고 돌봄 제공자는 대부분 여성일 때가 많기 때문에, 돌봄은 여성들이 직업과 승진에서 불리해지는 핵심 요인이 된다.

운이 좋으면 아픈 사람은 회복한다. 회복은 화학요법 치료 이후에 오는 카타르시스와도 같다. 약물이 몸에서 사라지면서 추위에서 빠져나온 느낌이 들었고 기분 좋은 상태가 어떤 것이었는지 기억이 돌아왔다. 회복하면서 물론 의심이 들기도 했고 두려울 때도 있었지만, 삶이 줄 가능성에 그때처럼 준비되어 있다고 느낀 적도 없다. 몸이 나으면 정신도 낫는다. 잃어버린 시간을 벌충하기 위해 할 일이 많아서 싫기도 했지만 일할 준비가 되어 있기도 했다. 반면 돌보는 사람의 몸은 이런 경험을 하지 않는다. 아픈 사람이 회복하는 모습을 지켜보며 기쁘겠지만 그렇다고 자신의 잃어버린 시간이 보상될 만큼 에너지를 얻을 수 있을까? 아팠던 사람은 병을 살아낸 경험에 관해 말할 수 있지만, 돌보는 사람이 살아낸 것을 표현하기는 더 어렵다. 돌봄 경험을 표현할 수 있는 말들이 우리 사회에는 별로 없고, 그래서 돌봄은 인정되지 못한 채로 남겨진다.

하지만 문제는 사회만이 아니다. 아내에게 가장 많이 스트레스를 준 것은 바로 나였다. 캐시는 내 문제들을 함께 짊어지고 하루하루를 살아야 했다. 나는 많은 것을 두려워했고, 이런저런 상태 변화에 집착했으며, 결과를 두고 혼자 거래했고, 죄책감과 거부당하고 있다는 느낌에 시달렸다. 내가 감당해야 할 문제들이었지만, 요점은 이 문제들 전부가 캐시도 괴롭혔다는 것이다. 캐시조차 내게 맞춰주려다가 지칠 정도였다. 자신의 질병을 인정해주는 사람에게 의지하는 일은 질병을 부정하는 사람을 무시하는 일보다 더 힘들 수도 있다.

돌보는 사람이 되는 것도 분명 하나의 기회다. 하지만 자신을 잃어버릴 위험도 있다. 돌보는 사람은 자신의 에너지와 욕구를 잃을 수 있고, 자신의 미래에 대한 감각도 잃을 수 있다. 이런 위험은 아픈 사람보다 오히려 돌봄 제공자에게 더 클지도 모른다. 우리는 질병을 잘 모르며, 돌봄은 더 모른다. 아픈 사람의 경험도 부정당하지만 돌보는 사람의 경험은 더 완전히 부정당한다.

　기꺼이 돌보는 사람이 되고자 했던 아내가 있었다는 점에서 나는 운이 좋았다. 사람들은 질병과 돌봄의 가치를 부정하곤 했지만, 때로는 캐시와 나도 부정했지만, 그럼에도 우리 둘은 질병과 돌봄의 가치를 인정하기 위해 함께 노력했다.

위로하는 사람들, 비난하는 사람들

성서에서 욥이 재산과 자녀를 모두 잃은 후 "발바닥에서부터 정수리에까지 악성 종기"가 그의 피부를 뒤덮었을 때, 욥의 아내는 화를 낸다. 그녀는 욥에게 하나님을 저주하고 죽으라고 말한다. 욥은 화내길 거절하면서 "우리가 누리는 복도 하나님에게서 받았는데, 어찌 재앙이라고 해서 받지 못한다 하겠소?"라고 답한다. 요즘 시대에 욥이 그렇게 말했다면, 그리고 욥이 겪은 불행에 암이 포함되어 있었다면, 아마 사람들은 욥이 전형적으로 '암을 부르는 성격'을 가졌다고 말할 것이다.

분노 등 감정이 억눌렸을 때 암이 생긴다는 이론은 20세기 내내 있었다. 1930년대에 시인 W. H. 오든은 에디스 지Edith

Gee라는 이름의 젊은 여성이 나오는 시를 썼다. 이 시에서 지양의 의사는 그녀가 성적으로 억압되고 아이가 없어서 암이 생겼다고 말한다. 소설가 노먼 메일러가 1980년대에 낸 작품 속 주인공은 언젠가 자기를 쏜 폭력배를 끝까지 쫓아갈 정도로 강인하지 못했기에 자신에게 암이 생겼다고 믿는다. 암은 주인공이 싸우길 포기한 날 시작되었고, 이후 주인공이 다른 악당들을 죽이는 데 공모하자 차도를 보인다. 오늘날 '자조自助'를 내세우는 책 대부분은 오든이나 메일러보다 더 미묘하게 말하긴 하지만, 태도가 암을 유발한다는 똑같은 주장을 한다. 분노를 표출하지 않고 신을 욕하지 않으려는 욥의 모습은 성격 때문에 암이 생긴 사람의 태도를 전형적으로 보여준다.

'암을 부르는 성격'을 이루는 세부 내용은 각양각색이다. 성관계를 너무 적게 해서이기도 하고, 화를 너무 안 내서이기도 하며, 두려움이 많고 쉽게 좌절해서이기도 하다. 지난 10년 동안엔 성적 억압보다 분노 억압이 더 인기를 끌었다. 암을 유발하는 성격을 묘사한 글들은 별자리 운세와도 비슷하다. 아무에게나 들어맞을 만큼 포괄적인 동시에, 개인들이 바로 자기 인생이 묘사되고 있다고 여길 만큼 구체적이다.

아내가 욥을 떠난 후 세 명의 친구가 찾아온다. 욥은 이들을 "위로하는 사람들"이라고 부르는데, 뒤로 갈수록 반어적인 뜻을 갖는다. 이 친구들은 위로한다면서 욥이 스스로 고난을 초래했다고 비난한다. 비난은 미묘할 때도 있고 공공연할 때도 있다. "네가 마음을 바르게 먹고, 그분을 향해 팔을 들어 기도하기만 한다면!" 욥의 친구들은 위로하는 이들처럼 보이지만 사실은 비난하는 이들이다. 「욥기」 시작 부분에서 사탄은 신과 내기를 한다. 욥을 괴롭혀서 욥이 하나님을 부인하는지 보자는 것이었는데, 내가 볼 때 욥의 친구들은 바로 이 사탄이 모습을 바꿔 나타난 인물들이다. 최근의 「욥기」 번역본에서 '사탄'이라는 말은 '적대하는 사람the Adversary'이나 '비난하는 사람the Accuser'으로 번역되기도 한다.

암이 있는 사람에게 성격 때문에 암이 생겼다고 말하는 이들은 위로하는 사람인 척하지만 사실은 비난하는 사람이다. 운이 완전히 뒤바뀐 사람의 대표 격인 욥의 불행이 성서 시대의 사람들을 겁먹게 했듯, 오늘날에는 암 발병이라는 불행이 사람들을 겁먹게 한다. 욥의 불행이 갑작스러웠던 것처럼, 암도 삶이 얼마나 빨리 무너질 수 있는지를 대표해서 보여준다. 우리는 모두 암이 생길까 봐 두려워한다. 암을 피할 수 있다고 믿고 싶어 하며, 그래서 욥을 비난한 친구들처럼 아픈 사람 탓을 한다. 또한 우리도 비난을 위로라고 부른다. 바로

'암을 부르는 성격' 이론을 '자조'를 위한 이론이라고 내놓는 것이다.

사회가 두려워하고 이해하지 못하는 병들은 언제나 성격에 관련된 이론으로 설명됐다. 암을 주제로 한 책 중에서도 대단히 분별 있고 합리적인 주장을 담고 있는 수전 손택의 『은유로서의 질병』은 이러한 사고의 역사를 거슬러 올라간다. 이 책에 나오는 예를 보자면, 중세 시대에는 행복한 사람은 전염병에 걸려 죽지 않는다는 믿음이 있었다고 한다. 중세 사람들이 전염병을 막을 수 없었듯이 우리도 암을 막을 수 없으며, 그들이 전염병을 두려워했던 만큼 우리도 암을 두려워한다. 중세 사람들은 행복이 보호책이라고 주장했고, 우리는 분노나 성, 혹은 유행 중인 다른 무엇을 억누르지 않아야 암에 걸리지 않는다고 말한다.

정신분석학 초창기의 학자인 빌헬름 라이히는 프로이트가 말하고 싶은 것을 억눌렀기 때문에 턱에 암이 생겼다고 쓴 적이 있다. 수전 손택이 라이히의 이런 의견을 소개할 때 우리는 우습다고 생각한다. 프로이트의 턱에 암이 생긴 이유는 말하기를 억압해서였고, 오든은 성적인 억압을 원인으로 삼아 지 양의 난소에 암이 생기게 한다. 하지만 이런 종류의 사고는 우습지 않다. 오늘날에도 계속되고 있기 때문이다.

유방암은 어머니-딸 관계에 문제가 있어서 생긴다는 이야기를 들었다고, 유방암이 있는 친구가 언젠가 말한 적이 있다. 어머니와의 관계에서 그리고 자기 딸과의 관계에서 자신이 했던 행동이 암을 생기게 했다는 생각에 친구는 고통스러워했다. 내 친구는 '암을 부르는 성격' 이론을 가지고 자책했지만, 다른 사람을 비난하는 데 이 이론이 사용될 수도 있다. 남자친구에게 암이 생긴 한 여성의 이야기를 들은 적이 있는데, 이 남자친구는 그녀와의 관계가 힘들어서 병이 생겼다고 이 여성을 비난했다고 한다. 배우자나 애인이 암 환자를 언제나 잘 뒷받침해주는 것은 아니지만, 그렇다고 그들이 암을 일으키지는 않는다. 어머니가 딸에게 실제로 유전적인 위험을 물려줄 수도 있다. 하지만 모녀 관계가 암 발생의 원인은 아니다.

욥을 비난하는 친구들은 욥에게 불행의 책임을 돌렸으며, 그럼으로써 욥에게 일어난 일이 자기에게도 일어날 수 있다는 생각으로부터 자신을 보호했다. 자신은 의로우므로 욥 같은 일을 당하지 않는다는 것이다. 오늘날 건강한 사람들은 질환이 '그냥 생기지' 않는다고 믿고 싶어 한다. 자신이 건강을 통제할 수 있으며 자신이 노력해서 건강을 얻었다고 믿고 싶어 한다. 암이 있는 사람은 분명 무언가 잘못한 것이며, 건강한 사람은 그 무언가를 피할 수 있다. 암으로 아픈 사람은 암을 부르는 성격을 가지길 선택함으로써 분명 병을 만들어 내는 데 일조한 것이다. 오로지 이런 식으로 사고할 때만 사람들은 질병을 눈앞에 두고서도 삶이 얼마나 위험으로 차 있는지를 떠올리지 않을 수 있다.

최근 한 친구가 전화를 걸어 지인이 고환암 진단을 받았다면서 충고를 구했다. 진단 전까진 전혀 아무렇지도 않았다고 친구는 강조했다. 나는 말하고 싶었다. 물론 괜찮았을 테지. 병이 언제나 미리 경고장을 보내는 건 아니니까. 하지만 친구의 세계가 얼마나 취약한 것인지 일부러 상기시켜줄 필요는 없었다. 친구는 세계가 얼마나 부서지기 쉬운지 원론적으로는 알고 있었지만, 그럼에도 균열 하나가 자신 앞에 갑자기 나타났을 때 충격을 받았다. 너무도 많은 사람이 아픈 사람에게 원인을 돌리면서 쉽게 균열을 봉합한다. 아픈 사람에게 암을 부르는 성격이 있다고 믿을 때, 아픈 사람 이외의 모두에게 세계는 덜 취약하고 덜 위험해진다. 아픈 사람조차 병이 그냥 생겼다기보다는 자신이 무언가를 잘못해서 생겼다고 믿기도 한다. 불확실성보다는 죄책감이 더 편할 수도 있는 것이다.

암을 부르는 성격이 있다고 믿고자 하는 사람들은 '분노

억압'이라는 범주를 가지고 환자의 행동을 손쉽게 분류한다. 하지만 억압된 분노가 암을 일으키는 것이 아니다. 오히려 암 치료를 받는 중에 분노를 억눌러야 할 때가 많다. 언젠가 주간치료 센터에서 혈액검사 결과가 나오길 기다리며 누워 있을 때였다. 내가 있던 구역의 한쪽 구석에서 의사 한 명이 자원봉사자와 큰 목소리로 떠들고 있었다. 카리브 해 지역의 휴양지에 관해서였는데, 특히 어느 섬의 어느 쪽에 비가 많이 내리느냐가 이야기 주제였다. 화학요법 치료를 받고 있던 나나 다른 환자들이 듣고 싶어 할 만한 대화는 아니었다. 그곳에 있던 사람들 대다수는 정맥에 이상이 생기는 일 없이 하루치의 치료를 다 받을 수 있을지 염려하고 있었다. 카리브 해 같은 곳은커녕 캘거리 밖으로 나갈 날이 과연 올지도 알 수 없었다. 물론 의사들도 휴가가 필요하다. 그렇지만 그 두 사람은 자신들의 이야기가 다른 사람에게 어떻게 들릴지는 생각지도 않았다. 그들은 아픈 사람들이 무엇을 살아내고 있는지 인식하지 못했다.

카리브 해를 화제로 한 잡담은 화학요법 병동에서 분노할 만한 대상이었다. 하지만 예전에 잘못된 진단을 한 의사들을 대하며 분노를 감췄듯이, 캐시와 나는 또 화를 참았다. 우리는 우리끼리만 불평했다. 치료 시설에 의존하고 있었기 때문이고, 가장 좋은 거래를 하고 싶었기 때문이다.

병원에서건 집에서건 아픈 사람이 분노 표현을 최상의 거래로 여기는 경우는 드물다. 의존은 질병을 앓을 때 기본적인 상태며, 아픈 사람은 자신이 의존하고 있는 이들의 기분을 상하게 할까 봐 거의 겁을 먹은 채로 행동한다. 잠시 후 끝이 뾰족한 기구를 들고 다가올 사람에게 분노를 표현하는 일은 좋은 거래를 하기 위한 행동은 아닐 것이다. 또 기분을 상하게 하면 변기를 바로 가져오지 않을지도 모르는 사람에게, 혹은 잘 자라는 인사를 할 수 있는 유일한 사람에게 분노를 표현하는 일도 마찬가지다. 정말로 분노를 표현하는 환자는 보통 더는 잃을 게 없다고 믿는 사람일 때가 많다. 상황도 병도 이미 바닥을 쳤기 때문이다.

분노를 일으키는 상황이 암을 앓고 있을 때만 생기지는 않는다. 하지만 내가 느끼는 분노를 억누르는 일이 암 치료에서 중요했을 때, 분노 표현이 죽느냐 사느냐 하는 문제였을 때, 화를 억누르는 일은 특히 입맛이 썼다. 여기에 더해 애초에 **내가** 분노를 억압해서 암이 생겼다는 말까지 들어야 했다.

암을 부르는 성격이 있다는 이론은 끈질기게 계속될 것이다. 모든 사람에게 그 나름대로 주는 것이 있기 때문이다. 아픈 사람은 비난받긴 하지만 한편으론 위로받는다. 성격을 바꾸면 병이 나을지도 몰라. 아직 늦지 않았어. 아픈 사람의 주변인들은, 아픈 사람이 자신과는 달리 그런 성격을 가진 사람이라서 암이 생겼다고 안심할 수 있다. 사회 전체는 암이 개인의 성격 때문에 발생한다고 비난하면서 암 발생 위험을 증가시키는 환경과 행동들을 그대로 놔둘 수 있다. 사람들은 담배를 피우고, 환경을 오염하고, 방사능에 노출되고, 안전하지 않은 식품첨가물을 사용하고, 오존층을 파괴하고, 지방을 과하게 섭취하고, 검증되지 않은 약물을 복용하고, 과도하게 일하고, 임신을 미루게 하는 교육·직업 시스템을 유지하고, 진단을 잘못 내리는 의사들이 추가 훈련을 받도록 요구하지 않는다. 그러면서도 여전히 개인의 성격 측면에서 암 발생 원인을 논한다.

'암을 부르는 성격' 이론이 대단한 이유는 이 주장이 아무것도 바뀔 필요가 없다는 뜻이기 때문이다. 책임과 두려움은 암 환자 안에 안전하게 봉쇄된다. 담배 회사는 여전히 사업을 하고, 환경을 오염하는 자는 계속 오염하고, 광고업자는 일광욕을 미화하고, 건강이 좋은 사람은 자신이 잘해서 그렇다고 믿는다. 아픈 사람만이 죄책감을 느낀다.

욥이 비난하는 친구들의 주장을 일축하고 난 후 신이 욥에게 답한다. '왜 불행이 닥쳤는가'에 대한 답은, 욥에게 물을 권리가 없다는 것이었다. 욥은 그저 자신이 인간이기 때문에 불행이 닥치기도 한다는 것을 알게 된다. 스티븐 미첼의 번역본에서 욥의 마지막 말은 이렇다. "내가 먼지일 뿐임에 위안을 받았기에, 앞으로는 침묵할 것입니다." 암은 신이 내리는 징벌이나 시험이 아니지만, 그래도 암이 있는 사람은 욥 이야기에서 대답과 위안을 발견할 수 있다. 질환은 먼지일 뿐인 우리 몸의 일부다. 우리가 삶을 받아들일 때 우리는 질환이 우리 몸의 일부라는 사실도 받아들인다. 인간이기에 온 힘을 다해 질환에 맞서지만, 또 인간이기에 우리는 죽는다.

여기까지는 질환에 대한 답이다. 질병은 또 다른 문제다. 암이 불러오는 진정한 비극은 너무도 많은 분노가 침묵 속에 남는다는 것이다. 이 분노가 표현되고 응답받는다면 세계는 더 좋은 곳이 될 것이다. 암을 앓으면서 나는 개인, 조직, 사회가 해서는 안 되는 행동을 얼마나 많이 하고 있는지 알게 됐다. 그렇지만 아팠을 때는 분노를 거의 표현하지 않았는데, 내가 암을 부르는 성격을 가져서가 아니라 어떻게든 살아남기 위해 해야 할 일을 한 것이다. 나는 이제 쓴다. 내가 입을 다물어야 했던 과거를 위해서, 그리고 여전히 입을 다물고 있는 사람들을 위해서.

분노를 억누르며 거래를 해야 할 때가 아니더라도 적절한 분노의 대상을 찾기란 쉽지 않다. 의사든, 어느 상품의 제조 회사든, 흡연자든, 사람들은 자기가 창조해낸 것이 아닌 시스템 속에서 행동하기 때문이다. 개인에게 화를 낸다고 대단한 변화가 생기지는 않는다. 그럼에도 우리가 분노한다면 크지는 않아도 선한 결과를 가져올 수 있다. 친구, 동료, 의료 제공자 모두는 각자 자신의 행동에 책임이 있고, 우리를 잘못 대하는 개인들에게 우리는 화를 내야 한다. 나아가 분노를 표현하지 못하도록 사회와 조직들이 이용하는 모든 장애물에 관해서도 잘 알고 있어야 한다. '암을 부르는 성격' 이론은 그런 장애물이다. 이 이론은 아픈 사람을 자기 안에 가두고 죄책감 안에 가두며, 아픈 사람이 진짜 위험을 지속시키는 사회를 겨냥해 행동하지 못하게 한다. 이 이론은 위로하는 척 비난하는 사람들이 최종적으로 가하는 모욕이다.

질병에 가치를 부여하기

의사와 간호사, 의료윤리학자, 철학자, 경제학자, 정치학자들은 사회가 아픈 사람에게 마땅히 제공해야 하는 돌봄이 무엇이며, 제공하지 않아도 되는 돌봄이 무엇인지 자기 나름대로 의견을 낸다. 노령 인구가 증가하고 한편으로 의료 기술도 함께 진보하면서, 더 많은 사람에게 치료가 필요할 것이며 이용할 수 있는 치료도 더 많아질 것이다. 문제는 누가 어떤 치료를 받고 누가 비용을 지급하느냐다. 하지만 지금까지 나온 관련된 모든 글에서 아픈 당사자들의 말은 별로 없었다. 혹은 이들의 말을 사람들이 듣지 않았다. 아픈 사람의 관점에서 핵심 문제는 고통이다. 사회가 아픈 사람의 고통을 인간의 공통적인 조건으로 인정하고자 하는가? 나아가 우리가 질병에서 가치를 찾을 수 있는가? 나는 사회가 아픈 사람들을 가치 있게 여길 때 권리와 관련된 또 다른 질문들, 즉 비용, 기술, 치료를 둘러싼 복잡한 질문들에 훨씬 쉽게 답을 찾을 수 있다고 본다.

권리라는 문제를 아픈 사람의 관점에서 보는 일은 질병이 불가피하다는 사실을 받아들이는 데서 시작한다. 사고나 전쟁에서 죽는 사람을 제외하고 모든 사람에게 병은 언젠가 그냥 생긴다. 이는 사람들이 좋아할 만한 생각은 아니다. 현재 아프지 않은 사람은 '이렇게' 살지 않고 '저렇게' 살면 질환에 걸릴 위험이 줄어든다는 생각을 선호한다. 물론 우리는 위험을 줄일 수 있고, 또 그래야 한다. 하지만 비타민을 먹고 음식 조절을 하고 운동을 하고 햇볕을 쬐고 선크림을 바르고 휴식을 취하고 명상을 하고 스트레스를 즐길 만한 수준으로 관리하는 이 모든 일을 아주 잘한다고 해도, 다음 두 가지 사실을 바꾸지는 못한다. 우리는 모두 죽는다. 그리고 대부분 죽기 전에 길든 짧든 질병을 앓는다. 쉽게 말하는 것 같지만 어려운 경험을 겪으며 배운 사실이다. 죽음을 앞둔 장모님이 한동안 쓴 병실은 그 얼마 전에 내가 쓴 병실이었다. 장모님의 모습에서 나 자신의 모습을 보는 데는 그리 대단한 상상력이 필요하지 않았다.

우리가 질환을 피할 수 없는 운명임을 현재 아프지 않은 사람들이 믿을 수 있다면, 누가 치료비를 지급해야 하느냐에 관해 다르게 생각할 수 있다. 지금까지 나는 병원비 등 치료에 든 비용을 언급하지 않았고, 미국 독자라면 어리둥절할지도 모르겠다. 캐나다에서는 정부 의료보험이 세금으로 모든 시민의 의료 비용을 댄다. 개인 병원이나 치료 시설들은 여전히 자율적으로 운영되지만, 이 기관들은 환자나 보험회사에 치료비를 청구하는 대신 해당 주정부에 청구한다. 환자는 미국 의료 체계에서와 똑같이 치료를 받는다. 돈을 내는 대신 의료보험 번호를 병원이나 의사에게 준다는 점만 다르다. 심장마비와 암 치료를 받으면서 내가 낸 유일한 의료 비용은, 우연히 쓰게 된 특실 사용료로 하루에 15달러씩 추가 요금을 낸 것뿐이다. 이마저도 내가 일하는 대학의 의료보험에서 나중에 돌려받았다. 퇴원해 있는 동안 화학요법 치료의 부작용을 줄이기 위해 먹은 처방 약 아주 일부에 돈을 쓰긴 했다. 기타 비용으로 든 것은 병원 주차비와 병원에서 아내가 쓴 식비뿐이다.

캐나다의 의료 체계는 비용에 불만이 있는 이들에게 공격받고 있다. 사실 국민총생산 대 보건 의료 경비의 비율은 캐나다가 미국보다 낮다. 하지만 캐나다에서 보건 의료 비용은 아픈 사람에게만 불균등하게 전가되지 않고 모든 납세자에게 균등하게 분배된다. 공격받고 있는 것은 바로 이 균등한 비용 분배다. 비판하는 사람 중 일부는 개인의 자원을 사용해서 더 특권적인 치료를 받을 수 있는 의료 체계를 원한다. 일부는 기업이 이윤을 창출할 수 있도록 보건 의료 분야를 개방하고 싶어 한다. 또 일부는 언젠가 자신들에게도 치료가 필요할 것이라는 사실을 부정하고 아픈 사람들, 즉 다른 사람들이 알아서 치료비를 내길 바란다.

치료비에 맞춰 어떤 치료를 받을지 결정해야 한다면 너무도 잔인한 일 아닐까. 사소한 예이긴 하지만 이런 이야기를 들은 적이 있다. 캐시와 나는 주간치료 센터의 간호사들이 매일 꺼내주는 주사기에 식염수를 넣어 중심정맥관을 세척했는데, 간호사들의 말에 따르면 어떤 암센터에서는 도관 세척 빈도를 가장 효과적인 도관 관리법이 아니라 주사기에 배정된 예산에 따라 정한다고 했다. 또 적정한 빈도로 세척하지 않아서 도관이 망가지는 경우도 종종 있다고 했다. 나는 중심정맥관에 의존하고 있었고, 따라서 도관을 충분히 자주 세척할 수 없었다면 잔인한 도박을 하는 듯이 느꼈을 것이다. 그렇다고 환자 개인이 돈을 내는 의료 체계가 우월하다는 뜻도 아니다. 도관을 세척할 때마다 가족의 자원을 없애고 있다는 생각이 든다면 이 또한 똑같이 잔인하지 않나 한다. 돌봄을 제공하는 가족 구성원이 지는 짐은 경제적 부담이 없다고 해도 이미 무겁다.

　물론 민간 의료보험에 가입한 사람도 직접 비용을 내지 않고 치료를 받는다. 하지만 민간 보험은 어디까지나 개인이 대상이어서 모든 사람이 아니라 일부만 혜택을 받는다. 암에 걸리는 일은 전혀 개인적이지 않다. 인간이기 때문에 우리 모두는 똑같이 위험을 안고 살아가며, 내가 아팠던 때만큼 우리가 공유하는 이 위험을 분명하게 의식했던 적이 없다. 암은 당시 치료 중이던 많은 이와 내가 공유하는 유일한 것이었을지도 모르지만, 암은 우리 모두의 삶을 규정했다. 똑같이 암을 앓고 있는 그들과 내가 똑같이 좋은 치료를 받길 바랐다. 치료가 내 직업이나 수입에 근거한 특권이 되길 원하지 않았다. 암은 누구에게나 일어날 수 있으며, 따라서 누구나 동등하게 암 치료를 받을 수 있어야 한다.

　치료 비용이 공적으로 지원될 때라도 여전히 불평등은 남는다. 영양 섭취를 충분히 할 수 있는지, 거처가 안락한지, 업무량을 줄일 수 있는지, 또 여가 활동을 즐길 수 있는지까지도 개인소득에 따라 달라진다. 이런 불평등은 치료의 효율성에 영향을 미치지만, 치료 자체는 누구에게나 공평하게 이루어져야 한다. 적어도 나와 같은 병을 앓고 있던 사람들은 내가 받은 것과 똑같은 치료를 받을 수 있었다. 다른 누군가가 치료를 받지 못했기 때문에 내가 회복할 수 있었던 것이 아니다.

치료받을 수 있는 권리 보장은 아픈 사람들을 인정하는 일의 시작일 뿐 아픈 사람들이 갖는 가치를 표현하는 일은 아니다. 사회가 모든 사람에게 치료를 제공하면서도 여전히 아픈 사람들을 주변부로 밀어낼 수 있다. '생산적이지 못한' 사람들, 즉 아동, 장애인, 노인, 직업 훈련 수준이 낮은 사람들이 그곳에 놓인다. 치료 자체는 치료를 받는 개인이 가치 있게 여겨진다는 사실을 표현하는 일이라기보다는, 아픈 사람이 미래에 보여줄 생산성에 투자하는 일이다. 아픈 사람은 수리가 필요한 고장 난 몸 안에 있는 건강한 사람으로 여겨진다. 여기서 물어야 하는 어려운 질문은, 우리가 아픈 사람들을 나머지 사람들이 사는 방식에 문제를 제기하고 통찰을 주는 이들로서 가치 있게 볼 수 있느냐다.

건강한 사람들이 자기 삶을 평가하는 생산성이라는 기준을 의심해본다면, 이는 질병에 가치를 부여하는 일의 시작이 될 수 있다. 나는 다시 '생산성 있게' 되었지만 아팠던 때보다 더 잘 살고 있는지는 잘 모르겠다. 암은 없는 채로 그때처럼 살 수 있길 종종 바라기도 한다. 아플 때, 아마도 오직 아플 때만, 우리는 속도를 늦출 수 있다. 암처럼 치명적인 병을 앓았기에 그저 가만히 앉아 오후의 빛을 바라볼 수 있었고, 16년 동안 봐온 야곱의 그림을 마주하고 마침내 깊이 생각해볼 수 있었다.

제대로 사는 법을 익힐 만큼 충분히 아프지는 않았던 것인지도 모른다고 자주 생각한다. 여전히 나는 내가 가치 있다고 여기는 무언가를 생산하고 있는지 묻는 대신, 또 사회나 조직의 요구보다는 사람들의 필요에 맞추고 있는지 묻는 대신, 이력서에서 무엇이 중요하냐에 따라 선택을 가늠한다. 여전히 나는 다른 사람들의 질환과 고통에 두려움을 느낀다. 다시 그들처럼 될까 봐 두려울 뿐 아니라, 하던 일을 멈추고 아픈 사람을 돌봐야 할까 봐 두렵다. 고통도 무섭지만 속도를 늦추는 것도 무섭다. 고통을 두려워하는 것은 자연스럽지만, 느려질까 봐 두려워하는 것은 광기다. 하지만 내 주변에는 속도가 늦어질까 봐 무서워하는 사람들이 가득하며, 이들은 조직이라는 생산 기계의 심기를 거스를까 봐 겁낸다.

화학요법 치료 이후 몇 년이 지난 지금, 아팠을 때는 너무도 하고 싶었지만 체력이 부족해서 할 수 없었던 일을 하며 짜증을 내는 자신을 발견한다. 이제 나는 제대로 감각을 느낄 수 있다는 사실을 당연하게 여긴다. 문득 음악이 들려올 때 느꼈던 기쁨이 그립다. 산책을 할 때, 내 집에서 밤새 잘 때 느꼈던 기쁨이 그립다. 아팠을 때는 사람들과 함께 있다는 것 자체가 소중했다. 요즘 나는 사람들이 내 일을 방해한다는 생각을 자주 한다. 내가 하는 일이 그 밖의 모든 일을 전부 몰아내야 할 만큼 그렇게 엄청나게 중요한지 자문하길 잊곤 한다.

건강한 사람들과 아픈 사람들을 분리해두는 대신, 우리는 살아 있는 사람이라면 누구나 누려야 하는 권리를 생각해봐야 한다. 모든 인간이 누려야 하는 기본 권리 중에서도 특히 자신에게 일어나고 있는 일을 경험할 권리를 짚고 싶다. 이 순간에서 저 순간으로 내달리면서 살아가느라 사람들에겐 자신이 무엇이 되어가고 있는지 반추할 시간이 없다. 우리는 더 많이 생산하는 법, 몸을 생산 도구로 사용하는 법을 배우고 익히면서 인생을 보낸다. 컴퓨터 앞에서 일하는 사람이든, 조립 라인에서 일하는 사람이든, 집에서 일하는 사람이든, 우리는 몸을 생산 도구로 사용한다는 말이 무슨 의미인지 잘 알지만, **우리 자신을 생산한다**는 말의 의미는 잘 알지 못한다. 그러나 자신을 만들어가는 이런 종류의 생산은 기본적인 인간의 권리여야 한다.

아픈 사람의 권리라는 말의 뜻을 이해하려면 한 인간이 자신을 생산하는 데 무엇이 필요한지 질문해봐야 한다. 여기에는 먼저 다른 사람이 해주는 돌봄이 필요하고, 다음으론 시간, 공간, 기본적인 생필품 그리고 아름다움을 누릴 수 있는 여유가 필요하다. 또 최종적으로는 삶의 여러 조건이 갖추어져서 우리가 받은 돌봄을 다른 이들에게 되돌려줄 수 있어야한다. 단순히 생존하는 것을 넘어 삶을 경험하기 위해서는이 모두가 필요하다. 이 권리 중 어느 것도 특별한 권리여서는 안 된다.

질병의 궁극적인 가치는, 질병이 살아 있다는 것의 가치를가르쳐준다는 점에 있다. 바로 이 이유 때문에 아픈 사람들은 동정받아야 하는 대상이 아니라 가치 있게 여겨져야 하는존재가 된다. "멀고 먼 별자리에선 우리가 어떻게 보일까 / 하늘 한구석의 죽음이겠지"라고 폴 사이먼은 노래했다. 멀고먼 별에서, 우리는 한 번 깜빡이고는 사라지는 빛처럼 보일것이다. 빛이 사라지는 순간에 우리는 빛이 계속 타오르게하는 일 자체가 중요함을 깨닫는다. 죽음은 삶의 적敵이 아니다. 죽음이 있기에 우리는 삶의 가치를 다시 확인한다. 또 질병을 계기로, 삶을 당연시하며 상실했던 균형 감각을 되찾는다. 무엇이 가치 있는지, 균형 잡힌 삶이 어떤 것인지 배우기 위해 우리는 질병을 존중해야 하며, 궁극적으로는 죽음을 존중해야 한다.

장모님이 죽어가던 때 병문안은 쉽지 않았다. 암 병동은 유쾌한 장소가 아니다. 전에 환자로 있었던 기억이 떠오르기도 하고, 앞으로 환자가 될지도 모른다는 생각이 들기도 한다. 직장 일은 병문안을 피할 수 있는 좋은 핑계가 된다. 하지만 장모님에겐 보고 싶은 사람과 시간을 보낼 권리가 있었다. 내가 장모님과 똑같이 병실에 누워 있으면서야 알게 된 사실이다. 암 병동의 침상에서 세상을 보는 일은 우주에서 세상을 보는 일과도 같다. 세상은 자그마하지만 이미 온전하다. 아프다는 것은, 다시 말해 인간이기에 겪는 고통을 나도 겪는다는 것은, 그 온전한 전체 안에서 자기 자리가 어디인지 아는 것이다. 다른 사람들과 내가 연결되어 있음을 아는 것이다. 죽어가는 사람은 다른 이들과 함께 있으면서 자신이 연결되어 있음을 확인한다. 함께 있다는 것 자체가 귀중하며 균형을 되찾아준다.

장모님은 가슴, 간, 뼈로 번진 암 때문에 움직일 수 없었고, 그래서 병원에 누운 채 빠져나가는 생명을 느끼는 것 외엔 할 수 있는 일이 없었다. 장모님에게는 나를 만나고 연결될 권리가 있었으며, 동시에 장모님과 시간을 보내는 일은 내 권리이기도 했다. 삶에 관해 알아야 하는 모든 것이 그때 장모님의 침상 곁에 있었다. 나는 장모님이 삶의 끝에서 남기는 말을 듣고, 장모님의 몸이 마지막으로 분투하는 모습을 보면서 삶을 배웠다. 문병이 끝났을 때, 그리고 나중에는 장모님의 생명이 끝났을 때, 나는 밖으로 걸어 나왔다. 그러고는 파란 하늘 아래 서서, 아니면 별이 가득한 하늘 아래 서서 진짜 공기를 마셨고, 멀고 먼 별자리에서 우리가 어떻게 보일지 생각했다.

아픈 사람의 권리를 생각하다 보면 결국 아주 단순한 질문들에 도달한다. 우리를 인간으로서 하나로 묶는 경험의 핵심은 무엇일까? 이 질문의 답에 고통이 포함된다면, 우리 각자는 바로 자신도 고통을 겪을 수밖에 없다는 사실을 인정할 만큼 강인한가? 만일 인정할 수 있다면 그 사실을 어떻게 존중할 수 있을까? 이런 질문은 아주 현실적인 질문으로 이어진다. 세금을 낼 이유로 의료 서비스보다 더 좋은 것이 있을까? 죽어가고 있는 사랑하는 이와 시간을 보내는 일보다 더 중요한 일이 있을까? 무엇보다 가장 현실적인 질문은 우리가 어떻게 자신을 인간으로서 생산할 수 있느냐다. 인간인 우리를 생산하는 일은 질병이 가져오는 고통을 목격하고 공유하는 데서 시작한다. 또 우리가 무엇이 될 수 있는지 고통을 공유

함으로써 배우고, 이 배운 바에 따라 살아가는 데서 시작한
다.

아픈 사람들의 이야기를 듣기

아픈 사람은 평소의 책임에서 면제되지만 면제받는 대가는 처음에 생각한 것보다 크다. 면제는 배제이기도 하다. '네가 할 일은 낫는 것뿐이야'라는 말은 '네가 **할 수 있는** 일은 아픈 것뿐이야'라는 말이기도 하다. 회복 이외에 다른 일은 할 필요가 없다는 말은 평소 하던 일로 돌아올 수 있을 때까지는 어떤 일도 할 권리가 없다는 메시지를 품고 있다. 다시 여기에서도 아픈 것 자체에는 아무런 가치가 없다. 오히려 아픈 사람은 무언가 잘못을 저지른 사람이다.

사람들은 아픈 사람이 자기 질환에 책임이 있다는 관념을 버리지 못한다. 아픈 사람에게 나아야 할 책임이 있다면 애초에 아프게 된 것에도 아마 책임이 있을 것이다. 나아야 한다는 이상理想은 또한 낫지 못하는 사람들을 밀어내고 깎아 내린다.

아픈 사람들의 책임이 낫는 일이 아니라면 그들의 **진정한 책임**은 무엇일까? 그것은 바로 자신의 고통을 목격하고 경험을 표현하는 것, 그래서 다른 사람들이 아픈 사람의 경험에서 배울 수 있게 하는 것이다. 물론 다른 사람들은 반드시 배우고자 해야 한다. 아픈 사람들은 표현하고 다른 사람들은 보고 듣는 것, 이는 사회 안에서 양측 모두의 책임이다.

최근에 나온 신문기사 하나는, 경험을 표현하는 일이 권리인 동시에 책임임을 사람들이 거의 이해하지 못한다는 사실을 보여준다. 기사의 주제는 암 환자가 자신의 질병에 관해 "터놓고 이야기할" 필요가 있다는 것이었다. 오직 환자만 이야기할 필요가 있다는 듯 기사는 사회가 환자의 말을 들을 필요가 있다고는 말하지 않으며, 사람들이 환자의 말을 듣고자 하는지도 언급하지 않는다. 의학과 심리학을 뒤섞은 교훈적인 우화나 마찬가지인 이 기사는 백혈병을 앓는 10대 두 명을 비교한다. 한 아이는 마음을 터놓는 환자의 모범과도 같다. 슈퍼마켓에서 낯선 사람이 아프냐고 묻자 이 소녀는 가발을 들어 올리고는 백혈병 치료를 받고 있다고 말한다. 반면 다른 아이는 친구와 의사들을 피하면서 더는 치료를 받지 않으려 한다. 명확하게 말하지는 않지만, 기사는 "열린" 태도의 소녀는 살아남을 것이고 "사람들을 멀리하는" 소년은 그렇지 못할 거라고 암시한다.

　이런 종류의 이야기는 교묘한 속임수를 쓴다. 각 아이의 삶에서 사회적 맥락은 사라진다. 이 두 사람에게는 모두 다른 사람들과 맺어온 관계의 역사가 있으며, 바로 이 역사 때문에 이들은 다르게 행동한다. 어떤 사람들에게 백혈병은 이유 없이 발생하지만, 백혈병에 대응하는 아픈 사람의 태도는 그냥 생겨나지 않는다. 백혈병이라는 질환이 왜 생겼든 이 질환에 대한 반응은 주변과 상호작용하면서 형성된다. 두 아이의 개방성 또는 내향성은 이들이 경험한 가족, 친구, 학교, 의료진에 반응해서 나타난 것이다. '열린' 태도를 보이는 아이는 아프다는 사실에 상관없이 자신이 가치 있는 사람이라고 느낄 수 있을 만큼 좋은 환경에 있었다. 집에서, 학교에서, 병원에서 느낄 수도 있는 낙인이 찍혔다는 감각은 그리 크지 않았다. 질환 때문에 문제가 생기긴 하지만 질병이 자신의 실패를 뜻하지는 않는다고 믿을 수 있었다. 아이는 자신의 민머리를 낯선 사람에게 보여주면서 위험을 감수하지만, 그때까지 주변 사람들이 민머리에 적절히 반응해주었기에 그런 태도를 취할 수 있었던 것이다. 지금까지 만나온 사람들의 행동을 통해 아이는 앞으로 만날 사람들도 자신을 지지해줄 것이라고 믿을 수 있었다. 만일 그렇지 않더라도, 돌아가 기댈 수 있는 사람들이 언제나 자기 뒤에 있다는 사실을 아이는 알고 있었다.

아픈 아이들은 자기 존재가 뜻하는 바를 사람들이 좋아하지 않는다고 느낄 때 움츠러든다. 부모에게 아픈 아이는 건강한 아이를 갖는 데 실패했다는 사실을 체화한 존재일 수 있다. 그러면 아이는 자신이 실패를 상기시킨다는 데 슬픔과 죄책감을 느끼면서 부모를 대한다. 형제자매에게 아픈 아이는 가족의 시간과 경제적 자원을 빨아들이는 존재일 수 있다. 가족 밖의 다른 아이들은 아픈 아이를 보며 공포를 느낀다. 무슨 일인지 정확하게 이해하지는 못하지만, 그 '무슨 일'이 자신에게도 일어날까 봐 걱정한다. 몸의 변화를 경험하는 청소년들은 모두 몸이 이상하게 변할까 봐 두려워하는데, 아픈 아이 주변의 또래는 백혈병을 자신이 두려워하던 일이 실현된 것으로 여길 수도 있다. 의료진에게 아픈 아이는 치료 실패를 뜻한다. 아픈 아이의 의사 중에는 전문가로서의 자기 이미지를 치료 성공 여부에 따라 평가하는 이가 있을지도 모른다. 자신이 병과 경기를 하고 있다고 여기고, 그래서 병이 낫지 않으면 자신이 패배했다고 생각하는 것이다. 이런 의사는 치료를 넘어서는 돌봄의 관점에서 사고하지 못한다.

이와 같은 상황에서 아이는 움츠러들고 사람을 피한다. 다른 사람들이 자신을 보지 않는다면 더 행복할 것이라고 믿기 때문이다. 사람들이 아이를 드러내놓고 내치지는 않겠지만, 아이는 사람들의 표정에서 자신이 고통을 주고 있음을 느낀다. 아이가 움츠러드는 이유는 '성격' 때문이 아니다(또 어떤 사람들이 '투지'라고 부르는 마음가짐이 없어서도 물론 아니다). 기사에 나오는 소녀의 열린 태도도 마찬가지로 성격 문제가 아니다. 두 아이는 각각 주위를 둘러보며 어떤 지지를 받을 수 있는지 가늠해보고, 가장 좋은 거래로 보이는 일을 하고 있을 뿐이다.

이 신문기사는 아이들의 주변 환경은 언급하지 않는다. 오로지 움츠러드는 태도가 "심리적으로 악영향을 준다"고 논하며, 열린 태도는 "더 잘 적응하고 있다"고 평할 뿐이다. 하지만 악영향을 주거나 잘 적응하도록 지원하는 주체는 이 아이들 자신이 아니다. 사회가 그렇게 하고 있다. 소녀가 적응하도록 돕거나 소년에게 악영향을 준 이들은 바로 주변의 사회집단들이고, 나아가 이 집단들도 또 다른 집단들에게 지지를 받거나 부정당한다. 기사에선 '심리학적'이라는 단어를 사용함으로써 이 사회집단들을 사라지게 하며, 각 사람의 생리학 안에서 백혈병이 생기는 것과 마찬가지로 이 아이들의 행동이 각자에게서 나온다는 환상을 만들어낸다. 건강한 사람들은 아픈 사람의 행동이 그 사람의 내부에서 나온다는 사회적 신화를 맘 편히 받아들인다. 사회는 아픈 사람의 현실이 아픈 사람 안에서 나온다는 식의 심리학적 언어 안에 아픈 사람을 가둬두고 외부의 영향은 보지 않고 싶어 한다. 그런 다음엔 질병에 관련된 모든 것을 의학에 떠넘긴다.

이 신문기사 이야기가 최종적으로 전달하고자 하는 교훈은 의학의 지시에 고분고분 따르라는 것이다. 열린 태도를 보이는 소녀는 의학의 영토에 거주하는 훌륭한 시민이 되어 열심히 치료를 받는다. 움츠러드는 태도를 보이는 소년은 환자 역할을 제대로 해서 나으려고 노력해야 하지만 그러지 않고 있다. 소년의 움츠러드는 모습을, 주위 사람을 대하면서 배운 반응이 아니라 '그 자신의' 태도로 여길 때 이 신문기사는 그에게 나을 자격이 없다는 함의를 가질 수밖에 없다. 신문기사는 의사들의 말을 인용해 과학적인 척하지만 실상은 교훈을 주려는 우화 위에 과학을 씌워놓았을 뿐이다. 백혈병이라는 질환에 걸린 것은 평범한 청소년기라는 '은총'에서 멀어진 것이다. 한 아이는 용감하게도 열린 태도를 보여서 '속죄'받지만 다른 아이는 계속 멀어진다. 이렇게 질환을 아픈 사람의 도덕성 문제로 만듦으로써 이 이야기는 아픈 사람에게 낙인을 찍는 언어를 재생산한다.

책임에 관해서 이 기사는 뭐라고 말하고 있을까? 이 이야기의 함의는 아픈 사람에게 의학의 통치에 따르는 훌륭한 시민이 될 책임이 있다는 것이다. 하지만 문제는 그렇게 간단하지 않다. 나는 기사에 나온 두 아이가 똑같이 책임감이 있다고 본다. 단지 한 아이만 행복하게 책임을 다할 뿐이다. 행복한 아이는 가발을 들어 올리고는 자신이 백혈병 환자라고 알려준다. 소녀는 대중을 상대로 의미 깊은 교육 활동을 하고 있다. 이 훌륭한 아이를 깎아내리고픈 마음은 전혀 없다. 나는 이 소녀와 슈퍼마켓에서 말을 나눈 사람이 소녀의 강인함을 환자의 강인함이 아닌 한 인간의 강인함으로 보길 바란다. 주변 사람들은 열린 마음으로 소녀를 대했고, 그래서 소녀도 열린 마음으로 다른 사람을 대하면서 더 많은 사람의 인식을 바꾸고 있다. 아이는 자신의 책임을 다했다.

하지만 사람들과 거리를 두는 아이라고 해서 책임감이 덜하지는 않다. 이 소년도 자기 경험의 목격자다. 열린 태도를 보이는 아이처럼 이 아이도 주변 사람의 태도에 영향을 받는다. 사람들은 소년에게 자신들이 무엇을 원하는지 신호를 보내고, 소년은 그 신호에 따라 행동한다. 이 신호란 바로 소년이 눈에 띄지 않았으면 하는 것이다. 아이는 움츠러들면서 심리적으로 악영향을 입을 수 있지만, 최초의 악영향은 이 아이가 만들지 않았다. 먼저 악영향을 준 것은 아픈 사람을 가치 있게 볼 줄 모르는 이들이다.

사회가 짜놓은 질병 각본에 신경 쓰지 않는 영웅적인 개인의 이야기들도 있긴 하지만, 대부분은 이야기일 뿐이다. 사람들이 자신을 대하는 방식에 내둘리길 거부하는 아픈 사람도 있지만, 이런 사람의 대처도 전부터 쌓아온 능력과 자원에 기반을 두고 있다. 청소년은 사람들이 바로 현재 자신을 대하는 방식에 더 민감하다. 개인의 역사가 더 짧기 때문이다. 성인들도 똑같이 다른 사람들이 자신을 대하는 방식에 영향을 받으면서 지금의 자신이 되었다. 다만 개인의 역사가 더 길기에 좀 더 수월하게 현재 상황을 과거와 비교해서 가늠할 수 있을 뿐이다.

그렇다면 아픈 사람의 책임은 낫는 것이 아니라 자신의 질병을 잘 표현하는 것이다. 이 둘은 서로 전혀 관계가 없다. 나는 자기 질병을 잘 표현하는 이들이 회복 가능성도 더 크다고 믿고 싶지만 그럴 수는 없다. 언젠가 사람들은 정신이 어떻게 몸에 영향을 미치는지 더 깊이 이해하게 될 것이다. 하지만 지금 믿을 수 있는 것은 질병을 잘 표현하는 이들이 질병의 끝에 다다를 때까지 자기 삶을 충만하게 산다는 것뿐이다. 내겐 이것이면 충분하다. 충분해야 한다. 우리가 삶 자체를 귀중히 여기지 못한다면 아픈 사람들이 건강할 때 하고 있을 일의 관점에서만 그들을 볼 것이며, 아이들이 어른이 됐을 때 하고 있을 일의 관점에서만 그들을 볼 것이다. 그러나 우연 위에 놓인 이 세계에서 삶은 부서지기 쉬운 한 조각의 행운 같은 것이다. 삶은 그 자체로 귀하다.

아픈 사람들은 이미 아픔으로써 자신의 책임을 다했다. 문제는 나머지 사람들이 질병이 무엇인지 보고 들을 수 있을 만큼 책임감이 있느냐다. 이는 결국 삶이 무엇인지 보고 들을 수 있을 만큼 책임감이 있느냐는 질문이다. 살아 있다는 것에는 이중의 책임이 따른다. 살아 있는 이들은 인간이 공유하는 취약함에 책임이 있는 한편 인간이 창조하는 모든 것에 책임이 있다. 인간이 취약하기에 창조한다는 사실을 인식할 때 아픈 사람들은 표현하고 건강한 사람들은 듣는 쌍방의 책임을 이해할 수 있다. 질병이 없는 인생은 불완전할 뿐 아니라 불가능하다. 역설적이지만, 질병이 필요하다는 사실을 진심으로 믿는 이들에게도 질병은 똑같이 고통스러워야 한다.

아름다움이 무상無常 앞에 무너지는 모습은 진정 고통스럽다. 우리는 자신이 창조한 것 중 아이를 가장 아름답게 여기곤 한다. 그래서 아이가 심하게 아플 때, 아픔으로써 취약함과 무상을 드러낼 때 질병에 열린 태도를 유지하기란 힘들다. 우리는 특히 아이의 질병을 부정하고 싶어 한다. 아이가 어른이 될 것이며 자신은 아이가 죽는 것을 보지 않아도 될 것이라는 환상, 불변할 것이라는 환상 속으로 뒷걸음치고 싶어 한다. 하지만 이 환상은 또 다른 교묘한 속임수일 뿐이다. 자신을 기만하는 이런 환상 안에서는 삶이, 창조하는 취약함이자 취약한 창조성인 삶이 사라져버린다.

회복 의례

회복한 사람에겐 의례를 치를 자격이 있다. 여러 원시 부족에게는 재진입 의례가 있었다. 낙인이 찍힌 사람을 정화하여 다시 사회로 받아들일 때 치르는 의례다. 이 의례는 부활을 뜻한다. 의례 후에 삶은 새로이 시작된다. 내가 겪은 두 번의 심각한 질병은 병원에서 받은 검사나 처치로 마무리되었고, 이런 결말은 의례의 가치를 지닐 수도 있었다. 하지만 현대의 대사제라고 할 수 있는 의사들은 한낱 의료 기술자로만 남기를 택했다. 자신들이 개입함으로써 몸의 상징적인 가치가 변하지만 의사들은 이런 자기 힘을 알지 못하는 것처럼 행동한다. 그리하여 환자와 의사 모두 질병에서 영적인 차원의 경험을 놓친다. 의례에 뒤따르는 명료한 자기 인식을 의학의 세계에서는 찾기 어렵기에 아팠던 사람이 다시 일상의 삶으로 재진입하여 적응하는 데 더 오랜 시간이 걸린다.

내게 심장 문제가 이제 없다는 것을 보여준 혈관조영술 검사는 의례가 될 수도 있었고, 나 또한 내 심장이 박동하는 광경을 보는 일이 귀하다는 사실 정도는 알고 있었다. 하지만 병원에서 혈관조영술 검사는 우연히 일어난 '사고'의 마무리였을 뿐이다. 내가 겪은 일의 의미가 축소되었지만 나는 그저 받아들였고 환영하기까지 했다. 이 경험을 새로운 삶의 시작으로 경험하고자 하는 노력은 없었다. 혈관조영술 검사는 고장 난 부분이 이제 괜찮음을 알려줬을 뿐이며 다시 태어나는 기회는 되지 못했다.

혈관조영술 검사를 받은 후엔 사고가 이미 지나간 일이라고 믿을 수 있었다. 바이러스가 있었지만 지금은 사라졌다. 심장에는 이제 문제가 없었다. 전부 끝. 하지만 암을 앓고 난 후엔 그런 믿음이 없었다. 암은 절대로 사라지지 않는다. 최근 읽은 글에는 암 치료 후 아무 문제없이 지내다가 13년 후에 암이 재발한 어느 젊은이의 이야기가 있었다. 암은 몸 안에 존재하면서도 수십 년 동안 비활성일 수 있고, 의학은 이런 암의 능력을 이제 막 이해하기 시작했을 뿐이다. 암은 시한폭탄 같은 몸, 즉 미래의 어느 순간 폭발하도록 유전적으로 프로그램되어 있는 몸이라는 심란한 이미지를 만들어낸다. 암이 다시 자라는 중이지만 내가 아직 모를 수도 있고, 앞으로 40년을 더 살다가 다른 원인으로 죽을 수도 있다. 암을 완치할 수는 없다. 병이 가라앉은 상태로 살 수 있을 뿐이다.

나는 세 차례의 화학요법 치료를 받고 몇 주가 지난 다음부터 차도를 보였다. CT 검사 결과에 종양이 작아진 모습이 보였는데, 더는 의미 있을 정도로 크게 수축하지 않았다. 엑스레이 사진에 보이는 남은 덩어리 같은 부분은 흉터 조직으로 추정되었다. 이 흉터 조직은 계속 조금씩 줄어들긴 하겠지만 절대 완전히 사라지지는 않을 것이었다. 화학요법 치료가 발휘할 수 있는 효과를 다 발휘했다고 평가받았고 치료는 종료되었다.

몸에 삽입되어 있던 중심정맥관은 마지막으로 귀중한 도움을 줬다. 도관 덕분에 나만의 의례를 치를 수 있었던 것이다. CT 검사 결과를 전해준 다음 의사는 중심정맥관 제거 시술을 준비하러 다른 치료실로 갔고 아내와 나만 남았다. 도관을 삽입한 이래 질환을 관리하는 작업으로 캐시와 나의 하루가 시작하고 끝나면서 우리 둘의 관계는 변했다. 도관 관리는 캐시를 내게 묶어뒀고 또 우리 둘 모두를 암에 묶어뒀다. 이러한 유대, 혹은 구속은 성가시기도 했지만 돌봄의 일부이기도 했고, 두려움과 함께 가능성도 가져왔다. 캐시와 나는 도관이 제거되길 고대했다. 도관을 달고 있으면서 생기는 문제들 때문이기도 했고 도관 제거가 상징하는 의미 때문이기도 했다. 중심정맥관 제거는 바로 암 이후의 삶이 시작된다는 뜻이었다. CT 검사 준비를 하느라 기진했고 그래서 감정은 더 강렬했다. 24시간가량 아무것도 먹지 못했고 잠도 거의 자지 못한 상태였다. 캐시와 나 둘 다 감정도 몸도 지쳐 있었다. 우리는 울기 시작했다. 기쁨과 안도가 뒤섞여서이기도 했지만 그저 진이 빠져서이기도 했다.

간호사 한 명이 방으로 들어왔다가 우리가 우는 모습을 봤다. 전혀 영문을 모르겠다는 듯 당황스러운 표정을 짓다가 뭔가 생각났다는 듯이 말했다. "아주 잊지 못할 순간이겠군요." 그녀는 좋은 간호사였고, 괴로운 부작용을 줄여줄 처방을 자비롭다고 생각될 정도로 능숙하고 신속하게 받아다 주곤 했다. 그럼에도 그녀에게 고통은 관리의 문제였지 영혼의 위기가 아니었다. 그녀는 몸 표면만을 보고 있었다. 우리 부부가 울고 있는 모습을 본 순간은 그 간호사가 질환을 넘어서는 질병 경험을 본 흔치 않은 때였지만, 그녀는 예전 환자들이 머리를 다시 기른 후에 자신을 만나러 오곤 한다며 기쁜 얼굴로 이야기했을 뿐이다. 화학요법이 머리 미용의 문제인 것처럼 들렸다. 머리카락이 다시 자라면 모든 것을 잊을 수 있다는 것일까. 모든 것을 잊으면 배우지도 못한다. 위험을 겪은 후 삶은 더 아름답게 고양될 수 있다. 그리고 의례는 실제 위험과 상징적 위험 모두를 지나왔다는 사실을 기념하면서 새로운 삶을 준비할 수 있게 해준다. 하지만 이 간호사의 관점에서는 의례가 보이지 않았다.

마침내 라인을 뽑고 절개 부분을 꿰맸다. 의례를 치르듯 의학은 몸 위에 또 다른 표지를 남겼고, 그러면서 새로운 가치를 몸에 부여했다. 의례에서 몸에 새기는 표지는 낙인과는 다르다. 입회 의례에서 몸에 내는 흉터는 해당 구성원이 일정 수준의 경험을 통과했다는 사실을 표시하고 더 높은 지위를 가질 수 있는 자격을 부여한다. 중심정맥관 제거는 이런 입회식과도 같았다. 내 몸은 다시 내 것이 되었다. 삶이 다시 시작됐다. 물론 나는 삶이 멈춘 적이 없음을 알고 있었다. 바흐를 듣던 밤들, 샤갈의 그림 위에 비치던 오후 햇빛, 캐시와 함께한 희망과 공포의 순간들, 상실과 절망, 이 모든 것도 삶이었다. 삶은 암을 앓는 동안에도 결코 멈춘 적이 없다. 단지 더 강렬했을 뿐이다. 초음파검사를 받은 9월부터 중심정맥관을 제거한 1월까지, 몇 개월이 한평생 같았던 이유는 이시기 동안에 모든 것이 중요했기 때문이다. 무엇을 마주치든 그냥 흘려보내기가 아까웠다. 모든 것을 자세히 들여다보고 깊이 느끼고 싶었다.

내 삶은 멈춘 적이 없지만 삶의 여러 부분이 보류된 채였다. 다시 계획을 짜고, 여행 갈 생각을 하고, 돌아가고 있는 일들에 참여하기 시작했다. 재진입 과정은 수월하지 않았다. 나를 비롯해 사람들이 사는 방식은 선택할 수 있는 여러 방식 중 하나일 뿐이며 가장 좋은 방식이 아닌 경우도 많다는 사실을, 아프고 난 후의 나는 알고 있었다. 내 의식은 고립되어 지내던 질병의 세계와 '건강한' 보통 사회 사이에 멈춰 있었고, 그래서 더욱 긴장된 관계나 의견 충돌을 견디기 힘들어했다. 이제 공식적으로 병을 앓고 있는 사람은 아니었지만 나는 아픈 사람으로서 사는 삶을 계속 몹시 귀중히 여겼다.

내게는 여전히 나만의 시간이 필요했다. 그해 겨울 캘거리 날씨는 따뜻했고 나는 강이 내려다보이는 산길을 따라 오래도록 산책을 하곤 했다. 오후 햇빛이 강물 위를 비출 때 언덕 꼭대기에 있을 수 있도록 산책하러 나가는 시간을 택했다. 화학요법 치료는 공기와 태양을 빼앗아갔다. 또 언제 다시 빼앗길지도 모르기에 이 자연을 조금이라도 더 많이 내 안에 담아두고 싶었다. 강에 비치는 햇빛 속에서 나는 치유되기 시작했다.

나는 점점 더 암이 있는 사람이 아니게 됐다. 하지만 이후에도 계속 진찰과 엑스레이 검사와 혈액검사를 받으면서 내가 여전히 다른 사람들보다 더 큰 위험 요인을 가지고 있다는 사실을 떠올리곤 한다. 시간이 지나면서 위험은 줄어들지만 절대 사라지지는 않는다. 병이 가라앉은 채로 삶이 이어질 뿐이다. 내가 암이 있는 사람이라는 느낌은 경험의 차원에서만 그렇지, 의학의 관점에서는 이제 암 환자가 아니다. 그럼에도 나는 계속 회복 중인 사람으로 살고 싶다. 죽을 수도 있다는 공포는 여전히 남았고, 그래서 더욱 아직 하지 않은 일이나 마음껏 하지 못한 모든 일을 지금 하려고 노력하게 된다. 계속 회복 중인 사람으로 살 때 내가 살고 싶은 삶을 바로 지금 붙잡으려 애쓰게 된다. 여전히 암이 있는 사람처럼 사는 일은 귀하다. 계속 질문을 던지게 하기 때문이다. 다시 아프게 된다면 그동안 시간을 잘 보냈다고 자신에게 말할 수 있을까?

오랜만에 만난 사람들 때문에 암을 떠올리기도 한다. 어떤 이들은 조심스럽게 건강이 어떠냐고 묻는다. 바이러스가 몸에서 나가면 끝인 것과는 달리 암은 절대로 끝나지 않는다는 사실을 알고 있기에 그들은 염려한다. 또 다른 이들은 "괜찮지?"라는 말로 인사를 건넨다. 이 말은 질문이라기보다는 괜찮아야 한다는 선언이다. 암이 다시 나타나지 않길 바라고 만일 재발한다면 없앨 수 있길 바라는 마음을, 나는 그 인사 안에서 전해 받는다. 사람들에게 내 존재는 두 가지 의미를 띠게 됐다. 내가 여기에 살아 있다는 사실은 암이 언제나 치명적이지는 않다는 뜻이지만, 누군가에게는 분명 암이 생긴다는 뜻이기도 하다. 어떤 이들은 생존을 먼저 보고 위험은 작게 보며 또 어떤 이들은 위험만 본다. 나 자신도 날마다 다르다. 어떤 날은 생존이 더 크게 보이고 어떤 날은 위험이 더 크게 보인다.

암을 앓고 난 후 3년째인 지금, 나는 조금 덜 두려워하기 위해 노력한다. 하지만 이 세계가 엄청나게 무서운 곳으로 보이고 어떤 악성 세포가 곧 폭발할 것만 같은 날도 있다. 폴 사이먼이 부른 또 다른 노래에는 기억에 오래 남는 가사가 나온다. "누군가 이 방으로 들어와 / 네 삶이 불타고 있다고 말할지도 몰라." 어느 날 자가 검진을 하는 중에 수술 후 2년 동안 없었던 무언가가 잡혔다. 공포를 억누르고 예전에 진단을 내려준 비뇨기과 의사와 약속을 잡았다. 며칠 후 캐시와 나는 또다시 치료 병동에서, 얇은 커튼 사이로 다른 환자들의 소리를 들으며 대기했다. 언제라도 의사가 걸어 들어와 우리 삶이 불타고 있다고 말할지도 몰랐다. 하지만 그때 그런 일은 일어나지 않았다. 나는 무언가가 잡혔다고 느꼈지만 의사는 내게 이상이 없다고 했다. 캐시와 나는 병원에서 나왔다. 행복했다기보다는 앞으로 일어날 수도 있었던 일들을 상상해본 여파로 멍했다. 이 '앞으로 일어날 수도 있는 일들' 때문에 하루하루가 더욱 소중하다. 내가 사는 모습은 다른 이들과 크게 다르지 않지만 다시 아플지도 모른다고 생각하며 살기에 일상의 소중함을 더 깊게 느낀다. 이 사실에 감사한다.

사람들 사이에 존재하는 진정한 차이는 건강하냐 아프냐가 아니라 각자 삶에서 어떤 가치를 좇느냐다. 산책하러 나가 강물 위에 비치는 햇빛을 볼 틈이 없다고 느낄 때 나는 내가 어디까지나 회복 중인 사람임을 잊은 것이다. 약간의 공포는 괜찮다. 한 달 후에는 병원 침상에서 자신에게 하루를 어떻게 보냈는지 묻게 될지도 모르지만, 이런 가능성을 의식하고 있는 것은 나쁘지 않다. 오늘 하루 어떻게 보냈어? 이 질문을 떠올릴 때마다 더욱 깊게 느끼고 보고 듣고 싶어진다. 산만해지기는 너무 쉽다. 일상이 불만족스러울 때는 내게 일상이 금지되어 있던 때를 떠올려야 한다. 아팠을 때 원한 것은 일상적인 활동의 흐름 속으로 돌아가는 것뿐이었다. 이제 평범한 일상으로 돌아왔으므로 내가 이곳에 있다는 사실에 계속 경이로워해야 한다.

욥처럼 나도 전에 가졌던 것들을 되찾았다. 내가 먼지일 뿐임을 분명하게 깨달았지만, 깨달았기에 가진 것들을 더욱 즐긴다. 나는 다시 달린다. 전만큼 멀리, 전만큼 빨리 달리지는 않지만 더 큰 기쁨을 느끼며 달린다. 오래 달리다 보면 이런저런 생각이 흘러오듯 내게 온다. 어떤 날엔 내 죽음에 생각이 가닿기도 하지만 슬프지는 않다. 잘 살았다고 느끼기 위해선 어떻게 죽어야 하는 것인지 자신에게 물어본다. 내가 나에게 하는 말은 바뀌곤 하지만 핵심은 변하지 않는다. 바로 내가 언젠가는 죽는다는 사실을 편안히 받아들여야 한다는 것이다.

계속 달리고 싶지만 언젠가는 멈춰야 한다. 그날이 어떤 모습일지는 모른다. 지나치게 회복해서 내가 어디까지나 회복 중인 사람이라는 사실까지 잊고 싶지는 않다. 계속 기억하기 위해 책상 앞에 붙여놓은 시 하나가 있다. 레이먼드 카버가 쓴, 「덤으로 얻은 삶」이라는 제목의 시다. 알코올중독자였던 한 남자가 죽기 직전에 이르렀다가 습관을 바꿔 10년을 더 살고는 다시 뇌 질환으로 죽어간다. 남자는 친구들에게 슬퍼하지 말라고 말한다.

"나 자신이나 다른 누가 기대했던 것보다 10년을 더 살았네. 완전히 덤으로 얻은 인생이었어. 그 사실을 잊지 말게나."

나는 잊지 않으려 노력한다.

다시 아프게 된다면, 언젠가는 분명 그럴 테지만, 이전과는 달리 병이 내 삶에서 완전한 단절이나 급격한 중단이 아니길 바란다. 건강과 질병은 크게 다르지 않다. 아팠지만 가장 좋았던 순간들에 나는 온전했다. 건강했지만 가장 나빴던 순간들에 나는 아팠다. 어느 곳에서 살아야 하는 것일까? 건강과 질병, 좋은 몸 상태와 나쁜 몸 상태는 끊임없이 번갈아가며 전경이 되었다가 후경이 되었다가 한다. 하나는 다른 하나 때문에 존재하며 계속 서로 자리를 바꾸게 되어 있다. 어느 쪽의 단어에도 맘 편한 휴식은 없다. '건강'이라는 말은 질병에 대한 공포로 채워질 수도 있고, '질병'이라는 말은 건강하지 못하다는 불만으로 채워질 수도 있다. 회복 중인 사람으로 살면서 내가 좇는 것은 건강이 아니라 반대말이 없는 말, 오로지 그 자체인 말이다. 그리고 내가 좇는 회복의 의미이자 질병이 주는 기회를 나는 '덤으로 얻은 삶'이라고 부른다.

덤으로 얻은 삶

야곱이 천사와 씨름하는 그림에서 내 상황과 비슷한 무언가를 발견했을 때 나는 질병 경험이라는 것에 관해 생각하기 시작했다. 이제 오늘 아침 신문에서 본 만평으로 이야기의 끝을 내볼까 한다. 턱수염이 덥수룩한 남자가 물이 뚝뚝 떨어지는 누더기를 걸친 채 현관문 앞에 서 있다. 여자가 문을 열더니 말한다. "맙소사, 요나! 사흘이나 늦은 데다가 끈적끈적한 걸 뒤집어쓰고, 이 생선 비린내는 다 뭐야! … 이번엔 내가 또 어떤 이야기를 집어삼켜야 하는 거야?" 요나처럼 나도 질병이라는 커다란 물고기의 배 속에서 나와 다시 삶으로 돌아왔다. 지금까지 독자들이 내 이야기를 '집어삼켜주길' 바라면서 글을 썼고 이제 거의 끝이다.

우리는 자신이 현재 살아내고 있는 상황을 어떻게든 이해하고자 노력하며, 이런 노력이 이어지면서 삶을 이룬다. 자기 성찰은 저주이자 가능성이다. 앞에서 나는 질병이 자신을 성찰하는 기회가 될 수 있다고 말했다. 아프지 않다면 없을 기회다. 이것은 질병을 낭만적으로 보는 관점과는 거리가 멀다. 질병이라는 기회는 위험하기도 하다. 우리는 질병에 관해 생각해봐야 하지만, 너무 많이 생각하면 질병이 더는 질병이 아닌 다른 무엇으로 변해버릴 수 있다. 질병은 대단한 깨달음 같은 것이 아니다. 질병은 움직여가는 몸일 뿐이다. 내 몸이 너무 빨리 죽음을 향해 움직이고 있을 때 수술과 화학 약물이 내 몸의 이동 속도를 정상으로 되돌려놓은 것이다. 내 일부는 여전히 당시 몸이 향하고 있던 곳을 기억한다. 여행의 끝을 피할 수 없다는 사실을 이제 내 몸은 알고 있으며, 나는 그 끝을 기다린다. 되도록 오래 기다리면 좋겠지만 영원히 기다리고 싶지는 않다.

이 책에서는 죽음에 관해 거의 쓰지 않았다. 할 말이 별로 없기 때문이다. 암 진단을 받았을 무렵 나와 같은 나이인 가까운 친구도 암 진단을 받았고 장모님에게도 암이 재발했다. 그리고 친구와 장모님 둘 다 세상을 떠났다. 그들은 죽고 나는 살아남았다는 사실이 잘 이해가 안 간다. 암에 걸렸다가 살아남은 어떤 사람들은 자신이 의지가 강했기 때문에 살아남았다고 하면서, 살기로 작정하는 것이 중요하고 또 몸을 건강하게 만들고 말겠다는 마음가짐이 중요하다고 말한다. 좋은 뜻에서 하는 말이며 이들의 믿음이 누군가에겐 위안이 되기도 한다. 하지만 실제로 세상을 떠난 주변 사람들을 생각하며 왜 나는 살아 있는지 궁금해할 때, 나는 살기로 작정했고 그들은 아니었다는 생각은 그저 교만하며 터무니없기까지 하다. 그들도 나도 병이 났을 뿐이고, 똑같이 병이 났지만 다르게 진행되었을 뿐이다.

살아 있다는 사실에 아주 이상한 기분이 들 때가 있다. 마음이 불편해지는 종류의 이상한 기분은 아니지만 여전히 이상하기는 하다. 계속 살아 있을 몸이 아니었다는 사실을 내 몸이 어떤 식으로든 알고 있는 것만 같다. 심장마비 당시 한순간 겪었던 죽음을 몸이 기억하고 있듯, 몸은 자신이 암으로 죽어가고 있었다는 것을 알지만 왜 그 과정이 중단되었는지는 이해하지 못하는 듯하다. 어쩌다 내게 암이 생겼고, 우연히도 받을 수 있는 치료가 있었고, 또 우연히도 치료에 반응을 보였다. 우연한 일이 연속되었기에 이상하다고 느낀다. 내 몸도 정신도 왜 이런 일들이 그런 식으로 일어났는지 알지 못한다. 삶에서 내가 있을 자리를 다시 찾아가는 동안에는 이 삶 또한 그저 일어났을 뿐인 우연으로 보였다.

하지만 질환이 그냥 생기는 것이라면 선택에 관해선 뭐라고 말할 수 있을까? 암으로 사망한 사람들은 종종 '암의 희생자'라고 불린다. 이 표현은 어느 정도는 정확하지만 그들 몫의 선택이 있었다는 사실을 지운다. '희생자'라는 말은 절반만 진실이다. 우리는 질환의 희생자일지도 모르지만 질병의 희생자는 아니다. 개인이 어떤 질환을 예방하기 위해 할 수 있는 일은 많지 않다. 많은 사람이 특정 방식으로 행동하기를 선택한다면 이 행동은 한 사회에 널리 퍼져 질환의 총 발병률을 바꿀 것이며, 이렇게 사회 전체 차원에서 사고할 때 많은 사람이 하는 행동은 중요하다. 하지만 한 개인에게 확률은 어디까지나 확률일 뿐이다. 아주 낮은 위험 요인을 가진 사람도 병이 나고, 일부만 진실인 말이긴 하지만 '희생자'가 될 수 있다.

질환에서 질병으로 관점을 전환할 때 선택에 관해 말할 수 있다. 어떻게 질병을 경험하느냐는 우리의 선택에 달려 있기 때문에 우리는 희생자 이상의 존재가 될 수 있다. 우리는 최악의 상황을 가치 있는 경험으로 바꾸는 선택을 할 수 있다. 단 선택은 제한되어 있기도 하다. 내가 받은 돌봄은 운이 좋았던 것이지 내가 선택한 것이 아니다. 우리는 이미 이용 가능한 것 중에서만 선택할 수 있다. 우리는 환경이 만들어내는 희생자가 아니지만 환경은 우리의 선택을 제한한다. 이렇게 선택이라는 관념도 절반만 진실이다. 우리가 할 수 있는 일은 절반의 진실에 매달리는 것이다.

전에는 달리기나 글쓰기 같은 활동을 하며 내가 선택했다고 생각하곤 했다. 이후 암 때문에 달리지 못하고 글을 쓸 수 없게 되면서는 이런 활동이 선물이라고 생각했다. 하지만 선물이라는 말은 선물을 주는 사람이 있다는 속뜻을 갖는다. 이제 나는 일어나는 일은 대부분 그저 일어날 뿐이라고 생각한다. 어느 날엔 30킬로미터를 뛰고 다음 날엔 심장마비를 일으킬지도 모른다. 선물이라고 할 만한 것이 있다면 그것은 바로 하루하루를 어떻게 보낼지 선택할 수 있는 우리 인간의 능력이다. 선택이 아무리 제한되어 있다고 해도 우리는 어떻게 오늘 하루를 보낼지 선택할 수 있다.

절반의 선택을 하는 절반의 희생자들은 나와 마찬가지로 '회복사회remission society'에 속한 동료 시민들이다. 내 질병 경험이 특별하지 않다는 사실을 깨달으면서 나는 내가 회복사회, 즉 '계속 회복 중인 상태로 살아가는 사람들의 사회' 안에 살고 있다고 생각하게 됐다. 질병을 주제로 쓰고 이야기하면서, 내게 병이 가라앉은 채로 산다는 것에 관해 말해주는 사람들이 늘어났다. 이들 중엔 암을 앓은 사람도 많고 또 암만큼이나 치명적인 질환을 앓은 사람도 있다. 내 질병의 역사는 전혀 특별하지 않다.

회복사회는 새로이 등장했다. 예전에 질환은 치명적이거나 만성적이었다. 목숨을 앗아가지만 신속하게 진행되거나 오랫동안 계속 앓았다는 뜻이다. 이제 환자는 질환이라는 위기에서 회복하거나 사망하고, 아니면 병약자로 살면서 서서히 쇠약해진다. 의학 기술은 병이 가라앉은 상태에서 '정상적으로' 사는 사람의 숫자를 계속 늘리고 있다. 점점 더 많은 사람이 '만성적으로 위중한' 상태에서 살아간다. 이들은 활동하는 시기와 치료받는 시기를 번갈아 겪어가며 자기 일을 하면서 산다. 이들에게 삶이란 위험이 수그러든 상태로 살아가는 것이고, 이들을 돌보는 사람들에게도 그렇다. 타인의 질병에 자기 삶을 묶어두기로 선택함으로써 돌봄 제공자들도 위험이 가라앉아 있을 뿐인 삶을 산다. 이들 또한 언제라도 누군가가 방으로 걸어 들어와 자신의 삶이 불타고 있다고 말할지도 모른다는 것을 안다.

회복사회에서 사는 삶이란 어떤 것일까? 내가 느끼는 회복사회의 삶은 평범한 삶 혹은 일상적인 삶이다. '평범'하거나 '일상적'이라는 특성은 너무나 단순하고 언제나 존재하고 있는 것이기 때문에 묘사하기 어렵다. 방 안에 비치는 빛이나 공기의 냄새가 갖는 특성을 설명하기 어려운 것과 마찬가지다. 사람들 사이에 있는 일은 평범하다. 좋아하는 옷, 즐기는 음식, 몸에 꼭 맞는 편안한 의자, 다른 몸들과의 접촉도 그렇다. 이런 세세한 것들이 삶을 이룬다. 그리고 회복사회의 구성원들은 삶의 세세한 부분을 더 깊게 의식한다. 질병을 겪으며 일상에 도사리고 있는 위험을 배우지만 일상에 깃들어 있는 소중함도 배우기 때문이다.

위험은 일상적인 불편이 계속되면서 누적되는 것이다. 앞에서 나는 병원에 있을 때 아침마다 했던 혈액검사라든지 CT 검사 전에 복용하는 강력한 완하제, 화학요법 치료의 부작용같이 병 때문에 겪었던 여러 가지 불편에 관해 썼다. 건강한 삶에서는 조금 짜증스러울 뿐인 일이었을 것이다. 하지만 이 별것 아닌 불편이 쌓여가다 보면 나중엔 일상을 삼켜버리고 아픈 사람이 기대할 수 있는 전부가 된다. 그리하여 다른 기대는 사라진 채로 살아가는 많은 날이 지난 후 어느 날, 아픈 사람은 변한다. 아픈 사람 스스로 변하기로 결심한 것도 아니고 자신이 변했다는 사실을 인식하지도 못하지만, 변한다. 이 사람은 조금씩 지쳐온 끝에 더는 아무 일에도 신경 쓰지 않는다. 돌봄에 지칠 때 일어나는 변화를 돌봄 제공자들은 '소진'이라고 부른다. 아픈 사람들 역시 소진된다. 어떤 사람은 치료를 계속 받긴 하지만, 치료를 중단할지 말지 결정할 만큼도 신경을 쓰지 않기 때문에 계속 치료받는다. 치료를 중단하는 사람들은 오히려 어떻게 살아야 할지 여전히 신경 쓰는 이들이다. 이 사람들은 되도록 자신이 선택한 상황 안에서 더 짧게 살고자 한다. 소진된 사람들은 아예 신경 쓰지 않는다. 살아 있긴 하지만 끝이 나길 기다릴 뿐이다.

이런 위험에도 불구하고 질병은 일상적인 것을 소중히 하며 사는 기회도 준다. 여기서 나는 다시 '덤으로 얻은 삶'이라는 생각으로 돌아가게 된다. 삶을 덤으로 받았다고 여길 때 우리는 건강이나 질병에 연연하지 않을 수 있다. 질병에 대한 공포를 불러올 수밖에 없는, 건강만을 원하는 욕망 또한 넘어설 수 있다. 이런 태도는 질병을 낭만화하지 않으면서도 질병이 가져오는 모든 것을 있는 그대로 받아들이고자 한다.

덤으로 얻은 삶이란 강물 위에 비치는 햇빛을 바라보는 것이다. 여기, 내가 질병을 겪으며 배운 교훈 중 반절이 있다.

하늘은 파랗고,
강물은 반짝인다.

이 시는 내가 배운 것의 반절일 뿐이다. 햇빛을 바라보는 일은 여전히 혼자만의 것이다. 삶이 주는 기쁨을 이루는 나머지 반절은 사람들과 함께 있는 것, 기쁠 때나 고통스러울 때나 함께 있는 것이다. 이 반쪽들이 합쳐져 온전한 하나가 된다. 타인의 아픔을 인정하고 우리가 삶에서 겪는 고통을 똑바로 바라보기 위해서는 먼저 무엇이 나만의 것인지 알아야 한다. 내가 아는 나만의 것은 하늘은 파랗고 강물은 반짝인다는 것이다. 바로 이곳이 내 시작점이다. 이곳에서 나는 밖으로 뻗어 나가기 시작한다.

내가 뻗어 나가는 세계 안에서 나는 나 자신을 본다. 암 초기, 통증이 심했던 어느 날 밤에 본 풍경의 의미가 바로 이것이었다. 서리 낀 창에서 나는 나 자신을 보았다. 거울 속에서 보는 자신이 아니라 세계의 일부인 나 자신을 보았다. 창에 비친 자신이자 세계를 보며 내 몸의 통증 밖에 존재할 수 있었고, 창문이 세계의 일부인 것처럼 내 통증도 세계의 일부임을 깨달을 수 있었다. 창의 아름다움과 마찬가지로 통증도 이 세계에 있어야만 하는 것이었다. 내가 그 창을 보며 배운 교훈을 오래전에 쓰인 중국의 경전인 『도덕경』은 이렇게 표현한다.

세계를 네 자신처럼 여겨라
있는 그대로의 세계에 믿음을 가져라
세계를 네 자신처럼 사랑하라
그러면 모든 것을 소중히 할 수 있으리라

강물 위에 빛나는 햇빛을 소중히 할 수 있을 때, 그래서 그 빛이 거기 계속 비칠 것을 상상하고 믿을 수 있을 때, 나는 이 세계 너머에 속하는 평화를 느끼며 더는 죽음이 두렵지 않다. 내가 사라진 후에도 사랑하는 사람들의 얼굴에 떠 있을 미소를 상상할 수 있을 때, 여기 있어서 행복하다. 하지만 반드시 여기 있어야만 하는 것은 아니다. 기쁨은 집착하지 않는 데 있다.

그리하여 회복사회의 구성원으로서 살아가는 또 다른 날이 시작된다. 일상을 살아가는 사람들의 세계 위로 태양이 뜬다. 이 세계 안의 모든 기회와 위험 위로 태양이 뜬다. 오늘 모든 사람이 선택을 할 것이고 어떤 사람들은 희생자가 될 것이다. 어떤 이들은 다른 이들보다 더 선택의 범위가 넓겠지만 그래도 선택은 모두의 것이다. 회복사회의 구성원들은 모두 책임감 있게 행동하려 애쓰지만 삶을 더 낫게 만드는 데 필요한 권리는 일부에게만 주어질 것이다. 많은 사람이 낙인을 경험할 것이며, 소수의 사람만이 낙인의 진정한 정체를 깨달을 것이고, 이보다도 더 소수의 사람만이 낙인찍힌 느낌을 극복할 것이다. 어떤 사람들은 분노를 표현할 것이고, 이 사람들 중 일부는 올바른 대상에게 분노함으로써 다른 사람들이 변화를 일으키도록 이끌 것이다. 아픈 사람들은 부정당할 것이며 또 돌봄을 받을 것이다. 어떤 사람들은 태양을 볼 수 없는 방에 누워 있을 것이고, 어떤 사람들은 자신의 집에서 쉬면서 전에는 몰랐던 소중함을 깨달을 것이다. 어떤 사람들은 소진될 것이다. 어떤 사람들은 굴복하지 않을 것이다.

거대한 물고기의 배 속에서 나온 요나의 눈에 세계는 얼마나 이상하고도 멋져 보였을까? 점액과 악취 속에서 사흘을 보내고 밖으로 나와 빛과 땅과 물을 본 첫 순간, 신의 얼굴을 알게 된 그 첫 순간의 가슴 저밈을, 요나는 계속 지니고 살 수 있었을까?

개정판 후기

에드먼턴에 사는 사촌 집을 방문할 때마다 기쁜 마음으로 감상하는 자수 그림이 있다. 그림에는 이렇게 쓰여 있다. "하나님은 문을 닫으시면서 창문을 여신다." 책을 쓰기 시작할 무렵에 사촌 집의 그림을 봤다면 이 말을 어떻게든 책 제목에 넣어보려고 했을지도 모른다. 이 책의 가제는 그 대신, 질병에 관해 내가 하고 싶은 말이 무엇인지 친구에게 설명하던 중에 찾아왔다. 친구는 '위기'를 뜻하는 한자가 뭔지 아냐고 묻고는 위험과 기회를 뜻하는 문자가 합쳐져 있는 단어라고 설명해줬다. 그리하여 '위험한 기회'가 책의 가제가 되었다.

『아픈 몸을 살다』를 쓰고 난 지 10년이 지난 지금도 나는 질병을 위험과 기회 사이의 균형이라고 생각한다. 아픈 몸 안에서 무엇이 잘못됐는지 너무 오랫동안 또 너무 세세히 들여다보고 있다가는 길을 잃을 수 있다. 이렇게 자신에게 지나치게 몰두할 때 질병은 위험한 것이 된다. 기회는 아픈 사람과 주위 사람들이 자신이 취약하다는 사실을, 또 인간이기에 취약함을 공유한다는 사실을 정직하게 인정하고자 하는 순간에 온다. 위험과 기회는 두 개의 줄을 꼬아서 만든 끈과 같아서 서로 떼어낼 수 없다. 하나가 다른 하나에 끝없이 접혀 들어간다.

이 책에서 나는 '닫힌 문'과 '열린 창문', 상실과 획득, 위험과 기회 사이에 균형을 맞추고자 했다. 독창적인 시도가 아닐까 하는 환상을 품었지만 곧 독자들의 반응을 접하며 내가 한 말이 전혀 새롭지 않음을 알게 됐다. 독자들은 이 책이 자신의 경험을 말로 표현해줬고, 질병을 겪으며 알게 되었지만 표현할 말을 찾을 수 없었던 무엇을 **말하는** 데 도움을 줬다고 고마워했다. 그리하여 다시 나는 도움이 되기 위해 반드시 독창적일 필요는 없음을 깨달았다.

개정판에 붙여 최근까지 내가 어떻게 지내왔는지 적어보려 한다. 나는 『아픈 몸을 살다』를 쓰면서 시작된 작업을 계속하고 있다. 아픈 사람들의 자조 모임과 의료전문가 집단을 포함해 수십 개가 넘는 질병 관련 단체에서 강연을 해왔다. 질병을 주제로 작업하면서 노르웨이의 피오르부터 태즈메이니아의 우림과 남한의 불교 사원까지 방문하는 기회를 얻었다. 무엇보다 중요한 것은 여행한 장소가 아니라 내가 들은 이야기들이다. 내 이야기에 응답하여 다시 내게 돌아온 이런 이야기들은 의심으로 차 있기도 했고 기쁨으로 차 있기도 했지만, 어떤 종류든 이 모든 이야기 덕분에 풍요로운 시간을 보냈다. 나는 두 번째 책인 『몸의 증언 *The Wounded Storyteller*』을 썼다. 다른 사람들의 질병 이야기를 다룬 이 책은 질병 이야기가 사회에 무엇을 가르칠 수 있는지 논한다. 여러 종류의 질병과 장애를 지니고 살아가는 사람들을 만나 이야기를 들어왔고, 지금은 다음 책을 준비하고 있다. 질병을 통과하며 내 앞에 '열린' 이런 작업을 하며 행복했다.

내 삶에서 작업보다 더 중요했던 사건은 『아픈 몸을 살다』를 내고 몇 년 후에 둘째 딸 케이트가 탄생한 일이다. 암을 앓고 난 후 아이를 갖는다는 것은 다른 어떤 일보다도 살아 있음을 확인하게 해준다. 질병을 주제로 무엇을 말하고 쓰든 간에 가장 중요한 것은 계속 충만하게 사는 것임을 딸아이를 보며 떠올린다.

암 치료 이후로 건강이 좋았지만 크게 겁을 먹었던 때도 있다. 화학요법 치료를 받은 지 2년이 지난 후 마라톤에 참가했다. 내 마지막 경주가 되지 않길 바라면서 뛰긴 했지만 마지막이라 해도 아쉽지 않을 만큼 행복했다. 이렇게 건강을 누리면서도 한편으론 계속 이런저런 검사를 받았다. 어떤 검사에서는 암이 재발했을지도 모른다고 나왔다가 더 검사를 해보면 위양성僞陽性으로 밝혀지거나, 정말로 문제가 있긴 했지만 암은 아니라고 나오기도 했다. 가장 놀랐던 사건은 1994년에 있었다. 매년 있는 후속 검사에서 폐에 혹이 보인다고 나온 것이다. 내게 있었던 종류의 종양인 정상피종이 재발하면 폐에서 나타날 확률이 높다. 암 치료 후 7년쯤 지난 때라, 병소이거나 혹일 수 있는 무언가를 보여주는 엑스레이 사진에 자의는 아니었지만 익숙했다. 그때까지는 다시 한 번 엑스레이를 찍어보면 안심할 수 있는 결과가 나와서 처음 사진 때문에 생긴 두려움을 없애줬다. 하지만 폐에 혹이 나타난 그때는 두 번째 엑스레이 검사뿐 아니라 CT 검사에서도 혹이 확인되었다. 게다가 CT 검사 결과로는 횡격막에 혹이 더 있다고 했다. 맞을 가능성이 가장 큰 설명은 암 재발이었다.

그때까지 나는 중병에 다시 걸린다면 예전 경험에서 배운 바가 있기에 무방비 상태는 아닐 것이라고 순진하게 믿고 있었다. 물론 그렇지 않았다. 그리고 나는 그렇지 않을 것이라는 사실을 알고 있었어야 했다. 언젠가 아주 분명하게 배운 적이 있기 때문이다. 『아픈 몸을 살다』를 내고 나서, 시카고에 있는 어느 종합병원에 초청 연사로 갔다가 연령대가 아주 높은 노인들을 위한 자립 병동을 방문했다. 병원 꼭대기 층에 있는 이 병동에서 나는 평균 연령이 90세는 족히 넘을 여성들에게 둘러싸인 채 앉아 있게 됐다. 의사들로 가득한 강당에서 질병 경험을 이야기하는 데는 아무 문제도 없었지만, 그 여성들 사이에서는 기나긴 인생 경험과 수많은 질병의 역사에 말 그대로 둘러싸여서 위축되는 기분이 들었다. '주제넘게 여러분 앞에서 질병 이야기를 하게 되었다'고 더듬더듬 사과 비슷한 것을 하며 말을 시작했다. 내가 비교적 젊은 나이에 병이 났기 때문에 자신이 심각하게 아프다는 사실에 놀랐고, 그래서 질병에 더 크게 영향 받았던 것 같다고 말했을 때였다.

한 분이 작지만 또렷하게 말하는 목소리를 들었다. 너무도 고요한 목소리여서 거의 내 머릿속에서 나오는 말 같았다. 그분은 이렇게 말했다. "언제나 놀란답니다."

1년쯤 후 암이 재발했을 가능성이 크다는 이야기를 들었을 때 놀랐을 뿐 아니라 길을 잃은 기분이 들었다. 내 몸이 떠내려가지 않도록 단단히 묶고 있던 밧줄이 없어진 것 같았고, 심각한 질병은 위험이지만 또 기회이기도 하다는 생각도 대부분 사라졌다. 의심스러웠던 엑스레이 결과가 확인되자 기회는 보이지 않았다. 오로지 상실만이 보였다.

때로 문제없이 수월히 흘러가는 삶은 어려운 때의 삶만큼이나 우리를 압도하기도 한다. 바로 그런 수월한 시기였다. 『몸의 증언』을 쓰기 시작했고, 강연을 하러 여러 흥미로운 장소로 여행을 다녔으며, 막 다시 아버지가 된 참이었다. 캐시는 임신 중에 여러 건강 문제가 있었고, 딸 케이트가 태어나고 1년이 지났을 때까지도 여전히 회복 중이었다. 케이트는 놀라울 정도로 사랑스럽고 유난히 활달한 아기였다. 항상 깔깔거리고 낮잠은 거의 자지 않았다는 뜻이다. 하지만 아내와 나에겐 낮잠이 필요했다. 일을 하고 아이를 돌보고 캐시는 건강을 회복하려 노력하면서, 우리는 겨우겨우 삶을 굴려가고 있었다. 그리고 바로 그때 암이 돌아온 것이다. 우리에게 이미 너무도 익숙한 공포가 전부 되살아났다.

한 달을 기다린 끝에 조직검사를 받았다. 폐와 횡격막이 갈비뼈에 둘러싸여 있어서 외과적으로 쉽지 않은 검사라고 했다. 마취에서 깨어나자 의사가 행복해 보이는 얼굴로 "유육종이네요"라고 말했다. 내가 들어본 적 없는 종류의 종양인가 보다 했지만, 의사가 소식을 전하며 너무 기뻐 보여서 안심이 됐다. 나중에 알았지만 유육종증類肉腫症은 알 수 없는 이유로 림프계가 약간 이상해지면서 림프샘이 튀어나와 생기는 희귀 질환이라고 한다. 위험할 수도 있는 질환이지만 암이었을 경우를 생각해보면 축하할 만한 일이었다. 내 증상은 몇 달 후 사라졌다. 하지만 심연으로 이어질지도 모르는 질병의 문턱까지 다시 돌아갔던 경험은 오래 맴돌았다.

이 경험과 그보다는 덜 극적이었던 다른 경험들을 겪다 보니 전화벨이 울리면 또 간호사에게서 온 것일까 봐 어쩔 수 없이 마음이 불안해졌다. 간호사가 상냥한 목소리로 안심시키려 애쓰면서, 지난달 받은 검사 결과가 나왔으며 OO 의사 선생님께서 뵙자고 한다는 말을 전할지도 몰랐다. 심장마비 이후 16년 동안 이런 전화를 받았고 가장 최근의 전화는 또다시 심장 문제 때문이었다.

불안해한다고 무슨 소용이 있을까. 내가 아끼는, 위대한 신화학자 조지프 캠벨의 말이 있다. "추락할 수밖에 없다면 뛰어내려라." 떨쳐버릴 수 없다면 받아들이면 된다. 가장 좋은 상태에 있다가도 전화 한 통이면 다시 위험 앞에 서 있게 될지도 모르는 것이 내 건강 상태다. 질병 이야기를 쓰고 말하는 것은 이런 상태로도 잘 살아가기 위한 나만의 방식이었다. 또 다른 해독제는 딸 케이트다. 생기 넘치는 상상력으로 어린 시절에 상상해볼 수 있는 모든 것을 상상하는 이 아이,

케이트가 있기에 나는 계속 삶을 선택한다.

『아픈 몸을 살다』를 쓴 이후 독자들의 반응을 들을 기회가 많았다. 사람들은 이 책의 세 측면을 계속 언급했다. 첫 번째는 내 질병에서 아내 캐시가 차지한 비중이고, 두 번째는 의사와 간호사들에 관한 부분 및 미로와도 같은 의학의 세계를 통과해낸 일에 관한 부분이며, 세 번째는 이 책에 드러나는 영성이다.

아픈 사람이 배우자나 파트너와 맺는 관계는 개인의 질병 서사에서 가장 혼란스러운 부분이고 아픈 사람이 젊을수록 더 그렇다. '돌봄'이나 '지지' 같은 말은 지나치게 흔하게 사용된 탓에 친밀한 관계에서 어떻게 질병이 '문을 닫는 대신 창문을 여는지' 전달하지 못한다. 두 번의 질병과 장모님의 죽음은 아내와 나의 관계를, 딸아이를 제외하면 우리 삶에서 다른 무엇보다도 깊게 만들었다. 하지만 질병이 너무나도 강렬한 경험이었기에 우리 관계의 무언가가 소진되기도 했다. 내가 아프던 3년 동안은 우리 둘 모두에게 필요한 것이 너무나도 많았다. 둘 다 똑같이 도움이 필요했고, 필요한 도움 대부분을 서로에게서 구할 수밖에 없었다. 우리 관계는 완전히 회복되지 못했다. 내 심장전문의가 이런 이야기를 한 적이 있다. 심장이 너무 빨리 뛰면 박동해서 내보내는 만큼의 피를 들여보내지 못한다고 한다. 심각한 질병 중에 있을 때의 관계에도 이와 유사한 점이 있는 듯하다.

『아픈 몸을 살다』를 쓴 이후에 나온 개인적인 질병 서사 중에서도 배우 에반 핸들러가 쓴 『내 인생에 불이 났을 때 *Time On Fire*』는 특히 흥미롭다. 친밀한 관계는 이 책에서 커다란 부분을 차지한다. 핸들러는 결국 백혈병에서 회복하지만 아픈 동안 내내 옆에서 뒷받침해주었던 여자친구 재키와의 관계는 회복되지 않는다. 에반과 재키가 결별하기로 하는 부분은 읽기에 고통스럽다. 두 사람은 함께 너무도 많은 일을 통과해왔고, 서로에게 너무도 많은 것을 주었고, 각자 고통을 겪으며 서로를 너무도 잘 알게 되었다. 나는 이 두 사람이 공유하는 모든 것 위에 함께 삶을 쌓아 올리길 바랐다.

그럼에도 둘이 결별하는 부분을 읽으면서 아내와 나도 쉽게 그럴 수 있겠다는 생각이 들었다. 함께 남기로 하는 커플과 그렇지 않은 커플 간의 차이를 사랑이라는 말로 설명할 수는 없다. 사람들이 그 차이를 사랑이라고 부를 뿐이다. 내게 사랑은 두 사람의 삶이 함께하게 되어 있다는 믿음, 설명이 안 되는 만큼이나 확고부동한 믿음인 것 같다. 만일 헤어진다면 자기 삶에 근본적인 무언가를 잃은 채로 살게 될 것이라고 확신하는 두 사람의 마음, 그것이 바로 사랑이다.

나아가 사랑은 두 사람 모두가 선하다고 믿는 목표를 향해 함께 노력하는 것이다. 요즘 아내와 내 관계는 우리만의 것이 아니라 케이트도 포함하고 있으며 아이가 어리기 때문에 우리 관계에서 케이트가 대부분을 차지할 때가 많다. 아내와 나는 우리 각자가 통과해온 일을 다른 누구보다 잘 알고 있기에 친밀하며, 이런 친밀함이 좋다. 그렇지만 이 책을 쓸 때는 우리 관계에 얼마나 많은 흉터가 남게 될지 몰랐다. 탄력성이 없고 순환이 잘 되지 않는 흉터 조직처럼, 우리 관계의 어떤 부분들도 그렇게 변했다. 하지만 암 이후 흉터는 내게 여러 가지가 뒤섞인 상징이 되었다. 만일 어떤 성형외과 의사가 나타나 내 흉터를 없애려 한다면 나는 흉터를 지켜낼 것이다. 힘들게 얻었으며 이미 오래 함께해온 정당한 내 것이라고 항변할 것이다.

『아픈 몸을 살다』를 쓰고 난 후 의료 전문가들과의 관계는 변했다. 책을 쓸 당시 나는 병원에서 연구를 진행해본 경험이 있는 학자였고 또 물론 환자였다. 이후 의료인들의 여러 모임에 초청받아 강연했으며 몇몇 의사와는 꽤 가까워져서 의사들이 하는 일을 화제로 해서 길고도 깊이 이야기를 나눌 수 있게 됐다. 알베르트 슈바이처 박사가 세운 아프리카의 선교 병원에서 젊은 시절에 일한 적이 있는 원로급 의사들을 만나는 특전도 누렸다. 이 의사들을 알게 되면서 마음에서 우러나온 윤리적 헌신이 의료인이 하는 일에 바탕이 되어야 한다는 생각이 더욱 굳어졌다. 또 그동안 간호사들을 가르쳤고 간호사들과 함께 일했으며 재직 중인 대학에서 간호학 겸임교수가 되었다. 하지만 내가 누린 훨씬 더 중요한 기회는 의료인들 사이에 있으면서 그들이 나누는 이야기를 들을 수 있었다는 것이다. 의료 종사자들이 언제 좌절감을 느끼고 언제 자부심을 느끼는지 들었고, 이들의 옹졸한 면과 고귀한 면 모두를 관찰했다.

개인의 선량함이라는 측면에서 인간들이 전형적으로 이루는 스펙트럼이 있다면, 나는 의료인들이 이 스펙트럼의 높은 쪽 끝에 있다고 본다. 큰 집단이고 여러 종류의 사람이 뒤섞여 있기에 당연히 제각각 차이는 크지만 말이다. 전형적이지 않은 점은 이들에게 맡겨진 직무다. 심하게 아픈 환자에게는 의료인들의 말과 행동 전부가 처방되는 약과 수술만큼이나 중대한 영향을 미칠 수 있다. 그럼에도 의료인들의 업무는 대부분 너무 빡빡하게 짜여 있어서 이들이 환자의 혼란, 두려움 그리고 자존감 있는 인간이고자 하는 분투에 민감하게 마음 쓰기 어렵다. 다음의 세 이야기는 먼저 의료 종사자가 어떻게 환자에게 제대로 마음 쓰는 데 실패하는지 보여주며,

그다음으로는 환자가 자신이 누구인가 하는 감각을 잃지 않기 위해 더듬더듬 노력할 때 의료인이 얼마나 작은 마음 씀만으로도 큰 도움을 줄 수 있는지 보여준다.

첫 번째 이야기는 간호학 대학원생들과 나눈 대화에서 시작한다. 학생들이 내 책에서 가장 불편하게 느낀 부분은 외래병동에 캐시와 내가 처음 방문했을 때 어느 간호 실습생이 우리 부부가 어떻게 암에 대처하고 있는지를 물어보며 설문지를 채워가던 중 일어난 일이었다. 앞에서 썼듯이 캐시와 나는 여러 문제를 사실대로 말하지 않는 것이 우리에게 좋겠다고 판단했다. 간단히 말해 우리는 거짓말을 했다. 실습생의 위치에 있어봤거나 가까운 미래에 실습생을 감독할 위치에 있게 될 간호사들은 우리 부부의 반응이 공정하지 않았다고 여겼다. 비판을 들을 당시에 나는 이 간호사들이 자신이 일하는 병원 시스템의 무능함을 인정하지 못한다고 봤지만, 나중엔 내가 정말로 공정하지 않았던 것이 아닌가 생각해봤다.

자신이 과거에 행동한 방식에 의심이 들 때 다행히도 삶은 전과는 다르게 행동해보고 어떤 결과가 나오는지 볼 기회를 주기도 한다. 암이 재발한 줄 알았지만 결국은 유육종 진단을 받게 되었던 때 수술 전 준비를 위해 입원해야 했다. 캐시는 집에서 딸아이를 돌보고 있었기 때문에 이번엔 나 혼자였다. 역사는 거의 언제나 반복되므로 나는 다시 검사실에 있게 됐다. 수년 전의 병동과는 달리 좀 더 사적인 공간이었다. 경력이 분명 꽤 되어 보이는 숙련된 간호사가 약물알레르기나 복용 중인 약물, 또 수술에 영향을 줄 수 있는 다른 질병이 있는지 하는 통상적인 질문을 했다. 그런 다음엔 암이 재발했을지도 모르는 이 상황에 아내와 내가 어떻게 대처하고 있냐고 물었다. 그 순간 갑자기 내 수업에 들어오는 간호학 학생들의 목소리가 밀려들었다. 나는 실험을 해보고 싶기도 하고 왠지 낙관적인 마음이 들기도 해서 사실대로 말해보기로 했다. 8년 전 캐시와 내가 비밀로 했던 진실과 비슷한 이야기였다. 나는 아주 좋지 않은 상황이라고 말했다. 아이를 낳은 후 우리 부부의 에너지가 다 빠져나간 것 같고, 영아를 돌보는 일은 힘들고, 가까이에 살아서 도움받을 수 있는 가족도 없고, 나는 일하고 출장을 다니느라 고된 데다가, 여기에 암까지 재발한다면 이미 흔들리는 결혼생활이 무너질지도 모른다는 이야기를 했다. 우리 부부에게 암을 다시 한 번 겪을 수 있는 에너지가 있는지 모르겠다고도 말했다.

간호사가 도움을 주겠다고 했기 때문에 나는 도움이 필요하다는 점을 분명히 하려 애썼다. 그녀는 나를 한 번도 쳐다보지 않았다. 내 하소연을 듣고 난 다음 간호사는 시선을 내려 차트를 닫고는 의자에서 일어났다. 병실을 나가면서 간호사는 이 말만을 남겼다. "두 분이 서로 대화를 나눠보셔야겠네요." 그러곤 가버렸다. 도움을 받을 수 있는 곳에 관한 정보를 혹시 원하느냐고 묻지도 않았고 도움을 주겠다는 말도 없었다. **서로 대화를 나눌 수 없다**는 것이 우리 부부의 문제였지만, 그 간호사는 이런 문제가 있다는 내 말을 듣지 않았거나 들을 능력이 없었다. 그즈음 캐시와 나는 너무 두려워서 대화를 할 수 없던 것인지도 모르고, 아니면 너무 피로했기 때문에 그랬던 것인지도 모른다. 아니면 똑같은 대화를 너무도 여러 번 했기에 더는 할 말이 없던 것인지도 모른다.

내 말이 방 안에 그냥 떠다니도록 내버려둔 채 간호사는 나가버렸다. 암이 재발한 상황을 상상해보면서 가장 두려워한 일이었다. 말할 수 없는 것을 말해보았고, 버림받았다. 다음 순간엔 간호학 학생들이 몰래 나를 지켜보고 있기를 바라면서 거의 웃음이 나왔다. 신뢰해서는 안 되는 사람들이 있다. 우리를 취약하게 만들기 때문이다. 원래 그런 사람일지도 모르고, 직무에서 요구되는 바를 따르다 보니 환자에게 제공할 수 있는 것과 제공할 수 없는 것이 그런 식으로 형성되었을지도 모른다. 이유가 무엇이든 아픈 사람이 의료 종사자들에게서 받는 정서적 지원은 부족할 때가 많다. 의료 환경 안에서 아픈 사람은 자신을 보호해야 하며, 병원이 제공할 수 없는 지원이 필요할 때는 다른 곳에서 찾아봐야 한다.

의료진이 제대로 환자를 지원할 때 치유 효과는 대단하다. 1994년에 그 복잡한 조직검사를 한 외과의는 관대하다고 느껴질 만큼 캐시와 나와 함께 충분히 시간을 가지면서 무엇 때문에 암 재발을 의심하고 있는지, 조직검사를 해서 문제가 있는지 알아보는 데 어떤 어려움이 있는지 설명해줬다. 내가 받게 될 조직검사는 위험이 컸다. 딱딱하고 긴 막대를 심장 주위에 얽혀 있는 동맥 사이로 찔러 넣어서 폐에 닿게 한 다음 조직 샘플을 떼어내야 했기 때문이다. 하지만 암이 있는지 검사하지 않고 치료하지 않은 채로 두는 것이 더 위험했다. 의사는 조직검사를 권한다고 분명하게 조언했지만 결정은 우리 부부가 해야 한다는 점도 명확히 했다. 그는 암 재발 증거가 모호하다는 이야기로 다시 돌아가서 CT 검사 화상에 나온 결과에도 불구하고 왜 내가 암 재발 환자의 패턴에 맞지 않는지 짚었다. 그러고는 덧붙였다. "아주 걱정되네요." 캐시와 나를 바라보던 눈빛과 걱정하고 있다는 말에서 의사가 단지 질환 문제를 설명 중인 의료 전문가로서뿐 아니라 한 명의 인간으로서 말하고 있음을 알 수 있었다. 그가 나를, 또 우리 부부를 염려하고 있다는 것을 느꼈다. 그 순간에 나는 이 의사가 집도의가 되어주길 바랐다. 수술은 위험한 동시에 친밀함을 내포하는 행위다. 이 사람이라면 내 심장 근처로 막대를 찔러 넣어도 좋다고 느꼈다.

그 외과의가 의료 전문가로서의 목소리를 내려놓고 한 인간으로서 우리에게 말한 시간은 단 몇 초였다. 그 짧은 시간에 그는 우리 부부가 얼마나 큰 위험을 감당해야 하는지 인정해주었다. 진심으로 걱정하는 마음을 제대로 표현하는 사람이 되는 연습을 평생에 걸쳐 해왔기에 단 몇 초를 이처럼 의미 깊은 순간으로 만들 수 있었을 것이다. 모든 의사나 간호사들이 그렇게 환자의 고통에 가닿을 수 있는 것은 아니다.

의료진에게서 은총과도 같은 도움과 지지를 받았던 또 다른 순간은 1986년의 길었던 몇 주 동안에 있었다. 내 몸의 어디가 잘못되어 그렇게 아픈지 의사들이 최종적으로 진단을 내려주길 바라면서 입원했고, 결국 암 진단을 받았던 때다. 나는 의사들이 '천자a tap'라고 부르는, 골수를 약간 채취해서 암세포가 있는지 보는 검사를 받았다. '가볍게 두드린다tap'기보다는 허리 부분에 커다란 나사를 박는 느낌이 들었다. 천자 이전과 이후의 특정 혈중 표지자*를 비교하는 것도 검사의 일부였기 때문에 의사들이 나가고 간호사 한 명이 혈액

샘플을 채취하기 위해 들어왔다. 피를 뽑는 동안 우리는 잠깐 이야기를 나누었다. 그녀가 피를 뽑고 있었으므로 주로 혈액 검사와 혈액을 채취하는 기술에 관해서였다. 그러다 어느 순간 갑자기 우리의 이야기는 유쾌하고 일상적인 대화에서 한 인간이 다른 인간에게 줄 수 있는 진실로 심오한 무언가로 변했다. 그녀는 이제 기술자가 아니라 지긋한 나이의 지혜로운 여성이 되어 앞으로 오를 여행길에서 내게 필요할 가르침을 주었다. "잊지 말아요." 그녀가 말했다. "선생님의 몸에 닿는 모든 사람이 치유에 영향을 준답니다." 나는 잊지 않으려 노력했다.

사람들이 내게 말로 표현해주어서 감사하다고 했던, 이 책의 세 번째 측면은 질병과 회복의 영적인 차원이다. 책의 뒷부분에서 나는 어디까지나 회복 중인 사람으로 살고 싶고, 그래서 오래도록 생명이 위태로웠던 후 홀연히 다시 살아 있다고 느낀 때의 순수한 기쁨을 잊고 싶지 않다고 썼다. 야망이나 계획을 좇느라 이 세계의 연약한 아름다움이 오로지 삶의 배경이 되는 일이 다시는 없기를 바랐다.

암을 앓던 동안 가능한 한 많이 밖에서 걸으려 애썼다. 몸

---

* 특정 질병의 발병 여부와 진행 정도에 관해 정보를 줄 수 있는 혈액 내 물질.

은 움직여야 하며 땅과 바람에 닿아 있어야 한다. 화학요법 치료를 받던 가을에는 캘거리에 추위가 일찍 찾아왔다. 15년이 지나고, 나는 같은 시기에 이 글을 쓰고 있지만 지금은 포근한 늦가을이다. 우리 가족은 여전히 강 옆에 살고 있으며 나는 여전히 강물 위에 반짝이는 햇빛에 경탄한다. 곧 나는 또다시 비행기에 오를 것이다. 그 모든 일을 겪으며 배운 것을 사람들에게 말하기 위해, 또는 질병의 한가운데서 산다는 것의 의미가 무엇인지 사람들에게서 이야기 듣고 배우기 위해 떠날 것이다. 하지만 오늘은 밖에 나가 강가를 걸을 것이다. 언제나 하는 짧은 기도를 할 것이고, 나무와 물이 품고 있는 지혜가 나를 만지게 할 것이다. 나무와 물과 세계의 생성과 변화를 느낄 것이고, 그 세계의 일부인 나 자신을 느낄 것이다.

질병을 겪으며 주변의 세계를 천천히 집중해서 보게 되었다. 나도 세계도 영원하지 않을 것을 알았기 때문이다. 질병을 겪으며 다른 사람들의 이야기를 들을 수 있게 되었다. 나자신의 이야기를 중히 여기는 법을 배웠기 때문이다. 아픈 동안 그 시간이 준비 기간이라는 생각은 전혀 못했다. 그런 생각이 들었더라도 내가 무엇에 준비되고 있는지는 전혀 몰랐을 것이다. 하지만 나는 무엇이 내 앞에서 열리는지 보고 그 열린 곳으로 나아가기 위해 기다리는 법은 조금 배웠다. 열린 곳으로 따라가는 이런 믿음은 14세기의 신비주의 저술가 노리치의 줄리언Julian of Norwich이 쓴 오래되고도 위대한 말에 잘 표현되어 있다. "모든 것이 다 괜찮을 것입니다." 내 생각에 믿음은 역설을 품고 있다. 모든 것이 너무도 명백하게 괜찮지 않을 때 모든 것이 다 괜찮을 것이라고 믿을 수 있어야 진정한 믿음이기 때문이다. 그리고 이런 믿음 앞에는 '문이 열리는' 순간들이 오기도 한다.

『아픈 몸을 살다』가 내 삶에 가져온 모든 것을 생각해보면 사촌 집 그림에 적힌 말을 고쳐 쓰고 싶어진다. 아픈 동안 내 앞에서 닫힌 것은 작은 창문일 뿐이었고 열린 것은 더 큰 문이었다고. 이 열린 문을 통해 앞으로 어떻게 나아갈지 알아내는 일은 일생을 두고 해야 하는 작업이다. 내가 이야기를 나눠본, 질병과 함께 사는 사람들 대부분은 자신 앞에 문이 열릴 때 영spirit으로밖에 부를 수 없는 무언가가 역사하고 있다고 느낀다고 했다. 영은 암이나 그 밖의 고통을 일으키는 어떤 존재가 아니다. 알베르트 슈바이처가 예전에 썼듯 우리 인간들은 우리 이상의 존재이며, 영은 우리가 이 사실을 인식할 때 역사한다. 질병은 이 '우리 이상인 우리'를 이해하는 기회가 될 수 있을 뿐 아니라 이 깨달음을 진정으로 중요하게 여기며 살아가는 연습을 하는 기회가 될 수 있다. 나아가 질병은 우리를 이끌어간다. 우리는 지금의 자신을 넘어선 무엇이 되기 위해 준비되는 중임을 알게 되며, 이 준비가 선을 위한 것임을 믿게 된다. 또 질병은 우리의 목소리가 다른 사람들을 채우듯 우리도 다른 사람들의 목소리로 가득 차 있음을 가르친다. 이 모든 과정에 영이 살아 존재하며 역사하고 우리를 붙든다.

조직검사를 기다리던 1994년의 한 달 동안 나는 매일 기도했다. 그 전이나 후에는 그렇게 기도해본 적이 없다. 내가 무엇을 간구하는지 자신의 기도 소리를 들으면서 붙잡아두고 싶은 것과 놓아버릴 수 있는 것을 분별할 수 있었다. 또 진단을 받은 후 공포 때문에 휘청했던 균형을 조금씩 되찾을 수 있었다. 나는 믿음을 되찾았다. 시카고의 병원에서 그 작지만 명료한 목소리가 말해준 것처럼 질병이나 삶에서 마주치는 다른 재앙 때문에 언제나 놀라겠지만, 그래도 나는 괜찮을 것이며 어디로 가든 괜찮을 것이다. 어디로 가든 그곳에서 새로운 나의 일부를 찾을 것이고 선蓋에 이바지할 것이다. 그곳에서 나는 새로운 차원의 사랑을 발견할 것이다. 신은 창문을 닫으시면서 문을 여신다.

도움 받은 문헌

이 책에서 나는 다른 사람들이 쓴 글을 빈번히 인용하거나 언급하지는 않았다. 하지만 한 사람의 생각은 개인의 경험에서만 나오지 않으므로 내가 어떤 글에서 직접 도움을 받았는지 밝혀야 할 것이다. 수전 손택Susan Sontag의 『은유로서의 질병Illness as Metaphor』(Farrar, Straus and Giroux, 1978)은 아픈 사람이 자신의 질병을 설명할 때, 또 다른 사람이 하는 설명을 받아들일 때 얼마나 신중해야 하는지 가르쳐줬다. 아서 클라인만Arthur Kleinman의 『질병 서사The Illness Narratives』(Basic Books, 1988)는 고통을 목격하는 일이 지닌 가치를 분명하게 짚어줬다. 내가 이 책을 쓸 것인지 망설이고 있던 시기에 클라인만의 책은 아픈 사람들이 왜 자신과 건강한 사람들 양쪽 모두를 위해 자기가 겪은 일을 표현해야 하는지 보여줬다.

아픈 당사자가 하는 이야기의 모델로 삼았던 문헌 중 다음 두 책은 사회과학 연구자의 저술이다. 어빙 졸라Irving Zola의 『잃어버린 조각들Missing Pieces』(Temple University Press, 1982)과 로버트 F. 머피Robert F. Murphy의 『침묵하는 몸The Body Silent』(Henry Holt, 1987)이다. 올리버 색스Oliver Sacks의 『나는 침대에서 내 다리를 주웠다A Leg to Stand On』(Harper & Row, 1984), 낸 쉰Nan Shin의 『어느 선불교 여승의 일기: 매일의 삶Diary of a Zen Nun: Every Day Living』(E. P. Dutton, 1986), 그리고 존 업다이크John Updike의 『자의식: 회고록Self-Consciousness: Memoirs』(Ballantine, 1989)에 실린 에세이 「내 피부와 벌인 전쟁At War with My Skin」은 어떻게 질병과 함께 살아야 하며 어떻게 질병을 서사로 바꿀 수 있는지 둘 모두에 관해 많은 가르침을 주었다.

　『아픈 몸을 살다』가 사회학 연구물은 아니지만 이 분야에도 빚을 졌다. 탤컷 파슨스Talcott Parsons의 권위에 도전하고 싶어 하는 사람은 드물 것이나, '환자 역할'이라는 파슨스의 개념을 내가 비판적으로 봤기에 더욱 생산적인 논의를 할 수 있었다. 파슨스는 『사회 체계The Social System』(Free Press, 1951), 『행위 이론과 인간 조건Action Theory and the Human Condition』(Free Press, 1978)을 포함해 여러 저작에서 병에 관해 썼다. 앨리 혹실드Arlie Hochschild의 『감정노동The Managed Heart』(University of California Press, 1983)은 질병을 다룬 책은 아니지만, 다른 사람들이 받아들일 만한 겉모습을 아픈 사람이 유지하길 기대받는다는 내용을 논할 때 필요했던 어휘를 제공했다. 사회학 문헌 중 단 한 권을 추천하자면 어빙 고프먼Erving Goffman의 『낙인 *Stigma*』(Prentice Hall, 1963)을 권하고 싶다. 암에 직접 관련된 부분은 거의 없지만, "오점으로 얼룩진 정체성 spoiled identities"을 말하는 고프먼의 논의는 정도는 달라도 아픈 사람 모두에게 적용된다.

이 책에서 표현하고자 한 경험 중 하나는 질병을 겪으면서 아픈 사람은 여러 개의 창문과 거울을 마주하게 된다는 것이었다. 그리고 내가 창문과 거울 속에서 본 것은 시와 영성에 관한 글들에서 가장 깊게 영향받았다. 선불교 고승인 D. T. 스즈키D. T. Suzuki의 글들은 내내 나의 사유를 이끌었다. 스티븐 미첼Stephen Mitchell에게도 크게 빚졌다. 그가 번역한 판본으로 라이너 마리아 릴케Rainer Maria Rilke의 『젊은 시인에게 보내는 편지 *Letters to a Young Poet*』(Random House, 1984), 『도덕경 *Tao Te Ching*』(Harper & Row, 1988), 『욥기 *The Book of Job*』(North Point Press, 1987)를 읽었으며, 미첼이 쓴 해설과 시에서도 큰 도움을 받았다.

앞에서 열거한 글들의 가르침에 비하면 내가 배운 것은 티끌이나 마찬가지다. 하지만 이 글들에서 나는 시작하길 두려워 말라고도 배웠다.

감사의 말

이 책이 나오기까지 많은 사람의 노력이 있었다. 모두 내게
큰 의미를 갖지만 원고에 직접 영향을 준 이들의 이름만 적겠
다. 내 에이전트 도 쿠버는 이 작업이 어떻게 발전해갈지 내
다보면서 내가 목적의식을 놓치지 않도록 도왔다. 호튼 미플
린 출판사의 편집자 헨리 페리스의 손길은 문장 하나하나는
아닐지 몰라도 모든 단락에 스며 있다. 원고 편집인 펙 앤더
슨은 책 전체에서 내 생각과 의도가 분명하게 나타나도록 도
왔다. 책 제작에 도움을 준 래리 플랫에게도 감사한다.
　나는 아내 캐서린 푸트와 함께 질병에 관해 배웠다. 내 질
병이 우리의 질병이었듯이 이 책도 우리의 책이다.

250

옮긴이의 말

이 책은 여행기다. 모든 질병 수기가 조금씩은 다 그렇듯이. 크게 아팠던 경험이 있는 다른 많은 이들처럼 아서 프랭크도 자신이 갔던 장소에 관해 이야기한다. 경계, 벼랑, 깊은 골 위로 난 좁은 길. 심연을 마주한 그곳은 공포의 땅이다. 한 발짝만 잘못 내디디면 돌아올 수 없는 위험한 절벽이다. 그렇지만 동시에 아서 프랭크는 그곳이 또렷하게 볼 수 있는 곳이었다고 말한다. 영어 원문에서 사용하는 표현은 '밴티지 포인트 vantage point', 즉 '조망하기에 유리한 위치'다. 질병이 자신을 데려간 삶의 경계는 또한 삶을 내려다볼 수 있는 장소였다는 것이다. 위험하고 무서운 곳이 '유리한 위치'가 되는 이런 전환이 바로 이 책의 줄거리, 핵심, 목표, 의미다.

'밴티지'라는 단어에는 이점, 강점, 장점, 우월, 유리한 점이라는 뜻이 있다. 질병과 장점, 질병과 우월, 질병과 유리함. 두 단어 사이의 거리는 참 멀다. 아픈 것은 어디까지나 무섭고 힘들고 괴로운 일 아닌가. 몸뿐만 아니라 삶도 무너지는 일 아닌가. 절망과 고통, 오직 내 몸만이 이 아픔을 경험하고 있다는 격렬한 외로움, 좁아지기만 하는 생활과 세계와 가능성의 반경, 닫히는 문들, 쓸모없고 의존적인 사람이 되어 돈과 시간을 낭비하고 있다는 느낌, 이력서의 빈칸, 뒤처지고 있다는 생각… 이런 경험의 어디에 좋은 점이 있을까.

그렇지만 실제로 아팠던 사람들의 이야기를 들어보면 암울한 일의 연속이 전부는 아니다. 많은 이들이 말한다. 질병을 계기로 성장했고, 전에는 몰랐던 것들을 배웠으며, 일상과 주변 사람들의 소중함을 알게 되었다고. 아픈 시간이 가치 있었으며 그 전으로 돌아가고 싶지 않다고까지 말하기도 한다. 이렇게 질병 경험을 전환하는 일은 먼저 아픈 사람이 '할 수밖에 없는' 일이 아닌가 한다. 삶의 일부가 공백이나 어둠으로 남는다면, 좌절과 죄책감뿐인 낭비된 시간으로 남는다면 고통스럽기 때문이다. 계속 살기 위해선, 멈춘 시간을 다시 흐르게 하기 위해선 아팠던 몸과 시간을 다시 내 몸과 내 시간으로 통합해내야만 하기 때문이다. 또 질병이 다른 의미를 지니게 되는 변화는 아픈 사람의 의지일 뿐 아니라 몸의 의지이기도 하다. 아픈 사람이 자신에게 요청하는 일이면서도, 동시에 단절된 몸의 연속성이 회복되면서 의식적인 노력 없이도 자연스럽게 일어나는 의식의 변화라는 뜻이다. 나아가 질병 경험의 가치는 사후적인 재의미화 이상이다. 아픈 사람은 절벽 위에서 정말로 많은 것을 선명하게 본다. 고통 사이로 아름답고 경이로운 것들을 본다. 그곳은 이미 유리한 위치다.

사실 질병 경험을 긍정하는 이야기는 드물지 않다. 아프면서 지난 삶을 반성하게 되었고 삶의 새로운 의미와 가치를 찾았다는 서사는 익숙하다. 아서 프랭크의 성취는 개인의 영적 성장담이나 구도求道의 이야기를 넘어서는 질병 이야기의 가능성을 발견했다는 데 있다. 아픈 후 그는 이제 다른 시각으로 자신의 경험을 돌아보고 인간과 사회를 생각한다. 질병과 고통과 죽음을 향한 사회의 태도, 의료 제도와 현장과 인력의 문제, 의료비와 의료보험제도, 병과 낙인, 돌봄, 환자와 공동체의 책임, 인간 존재와 권리에 이르기까지, 아픈 사람의 관점에서 그는 이 모든 주제를 새로 발견하며 새로 할 말이 있다. 이야기를 한다는 것 자체가 자신의 경험을 전환하는 노력이지만 그의 이야기는 또한 개인과 사회 전체의 차원을 아우르는 각성과 변화를 요청한다.

한 사람의 전환이 사회의 전환으로 확장되는 지점에 이야기가 있다. 아픈 몸이 이야기가 되고 이야기에 공명하는 사람들의 원이 커지면 질병의 고립은 연결의 계기가 된다. 홀로 아팠던 몸의 경험은 한 사회의 자원과 지식이 된다. 아픈 사람의 낭비되고 버려진 시간은 사회적으로 귀중한 시간이 된다. 병자, 환자, 피해자, 희생자는 가장 멀리 여행한 사람이자 남들이 보지 못한 것을 본 사람, 다른 시각과 경험을 가진 사람이 된다. 한 사람의 부활은 사회의 부활로 펼쳐지고 이어진다. 한 사람이 혼자 마주봤던 절벽은 마침내 '우리'의 밴티지 포인트가 된다.

하지만 아무리 놀라운 것을 보고 훌륭한 것을 배울 수 있다고 해도 여전히 아픈 것은 싫고 무서운 일이다. 그리고 다시, 하지만 우리는 반드시 아프게 된다. 인간으로 사는 삶의 어쩔 수 없음을 표현하는 이 '하지만'들 사이, 우리는 여기에서 출발한다. 피하고 싶지만 피할 수 없다는 사실을 피하지 않고 바라보기, 이곳이 덜 아프고 잘 아프기 위한 출발점이다.

살면서 한 번쯤은 간절하게 기도하게 되는 때가 온다. 공포에 사로잡힌 어린아이의 애원을 더듬대며 입에 담는 때가 온다. (내가, 가족이, 친구가, 강아지가) 낫게 해주세요. 아프지 않게, 다치지 않게, 죽지 않게 해주세요. 제발 오늘, 아무도 고통스럽지 않게 해주세요. 몸의 불변과 불멸을 바라다니 어리석은 기원 혹은 기복일까. 하지만 고통과 상실을 피하고 싶은 마음은 그저 너무도 인간적이다. 다른 존재의 아픔에 같이 아파하는 연민 또한 그저 너무도 인간적이다. 다만 더는 아이가 아닌 나는 여기에 한 줄을 보탠다. 아플 수밖에 없다면, 죽을 수밖에 없다면, 마주치는 모든 고통을 강함과 '장점'으로 전환할 수 있게 해달라고. 어쩌면 불멸만큼이나 불가능한 바람이지만 그래도 바란다. 인간에게 불가능한 것을 인간들이 해내길 간구한다. 결국은 이 계속되는 전환만이 '삶'을 가능하게 해주기 때문이다. 한 줄의 기도를 더하고 실현하는 데는 용기가 필요하다. 공동의 결단과 노력이 필요하다. 그리고 이 불가능한 노력의 시작은 질병과 죽음의 이야기를 듣는 것일 수 있다.

길고도 위험했던 여행에서 한 사람이 이야기를 가지고 돌아왔다. 들을 준비가 돼 있는가? 벼랑에서 눈 돌리지 않을 수 있는가? 필멸必滅을 응시할 수 있는가? 함께 도약할 용기가 있는가?

아픈 몸을 살다

초판 1쇄 발행 2017년 7월 10일   초판 10쇄 발행 2023년 12월 1일
지은이 아서 프랭크 옮긴이 메이

발행인 박지홍 발행처 봄날의책 등록 제311-2012-000076호 (2012년 12월 26일)
서울 종로구 창덕궁4길 4-1 (원서동 4층)
전화 070-4090-2193 E-mail springdaysbook@gmail.com

기획·편집 박지홍 디자인 공미경 인쇄·제책 한영문화사

ISBN 979-11-86372-11-1 03300

이 도서의 국립중앙도서관 출판시도서목록(CIP)은 서지정보유통지원시스템
홈페이지(http://seoji.nl.go.kr)와 국가자료공동목록시스템(http://www.nl.go.kr/kolisnet)에서
이용하실 수 있습니다.(CIP제어번호: CIP2017013994)